U0096611

微不平凡

原子Atom——著

這是一本跟讀者互動的書，有一些空格希望讀者填入自己的想法來完成此書，因此每個人的書都是這世界上獨一無二的。

此書狹義來說是一本投資理財教科書，廣義來說是各位讀者的人生。

學校裡學不到但人生必修學分，現代人必讀經典。

自己選擇過怎樣的人生，可以不買這本書但不能沒讀過這本書。

讀完後可以學到什麼是「活資產、死資產、活負債、死負債」。

讀書是一陣子的，學習是一輩子的。

我有一個教育夢，希望大家不論貧富貴賤都能受到好的教育，我會負責把此書安頓在各個圖書館，歡迎免費借書閱讀，跟上我的腳步成為一個微不平凡的人。

我要出一本書，大家都能買得起、讀得完、看得懂、做得到。

推薦序

　　這本書寫了太多未來才會發生的事，大概只有未來人能寫推薦序吧！

　　找不到未來人推薦就請讀者自己品味了，如果你們跟著我的腳步變得微不平凡，再推薦給你們周遭的家人跟朋友吧！

微不平凡　16

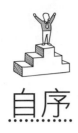

自序

微不平凡，

世界上每個人都是特別的，所以每個人都不特別了！

你想要成為怎麼樣的人？

家喻戶曉的偉人？好像有一點太困難了！

庸庸碌碌的凡人？好像有一點太平庸了！

那不如做一個稍微不平凡的人，

稍微比別人有遠見一點點，

稍微比別人有想法一點點，

稍微比別人有智慧一點點，

其實不需要優秀太多，只要稍微不平凡一丁點，

就能比其他人更有成就、活得更踏實、生命更有意義。

每個年齡層閱讀此書時，要督促自己讀懂適當深度的知識。

國中以下：分辨「投資、彩券、賭博、資產、負債」，父母可以陪同一起閱讀並幫我解釋給孩子聽，太艱難的內容可以先跳過，好的教育永遠不嫌早，

出社會前：整本的內容要融會貫通。

此書是2019/07/25開始寫作，為了想把最好的內容寫進書裡，只要有靈感就會馬上打開手機打字記錄，

　　有時半夜兩三點做夢夢到更好的寫作內容還爬起床打字記錄，有時洗澡洗到一半突然文思泉湧，趕緊毛巾包著就衝出浴室把想法記錄下來才回去繼續洗。

　　以下是我自己架設的網站，大家可以先掃QRcode或是輸入網址，稍微玩一下。

　　如果有很多內容看不懂沒關係，等看完整本書後就能完全知道要怎麼使用我的網站了。https://atomatomatom.com/

目錄CONTENTS

目錄CONTENTS

微不平凡的人生

每個偉人在成為偉人之前都只是一個凡人，
每個名著在成為名著之前都只是一疊草稿。

原子筆

大略簡述我的個人經歷，下一章節會再詳細教大家如何跟上我的腳步。

在我就讀幼稚園時，有一堂課老師發下厚紙板請大家做一個動物面具，做完要輪流上台戴著面具讓大家猜猜看自己是什麼動物，做最好的可以拿到乖寶寶點數。我記得最多人畫的是老虎，因為只要額頭寫一個王，就算畫得像老鼠，大家也是會猜老虎，而我左想右想突然想到，大象的鼻子很特別，大家一定猜得到，於是我把厚紙板剪一段當鼻子，把面具塗滿灰色，畫上眼睛跟象牙，完成後突發奇想，隨手剪斷一條橡皮筋，一端黏在大象鼻子末端，另一端用手一拉就變成鼻子會動的大象面具了，最後因為只有我的面具會動讓大家印象深刻，所以就拿到了乖寶寶點數。其實我也沒畫得特別像，只是因為我的面具會動稍微跟別的不太一樣而已，而我被大家的鼓勵讚賞下才意識到我自己的微不平凡，微不平凡人生正式啟程。

國中高中因為有過人的數理能力，所以都是就讀數理資優班。

在這6年的資優教育下我成長很多，也認識很多怪物級別的同學（數理能力比我強100倍以上的同學），在這種教育薰陶下，我學會謙虛、感恩、知足。

讀了6年數資班才領悟到其實資優班跟資源班是同一種班

級，都是學生很特別，需要社會、學校給予特別的學習教材跟照顧。

大學

微積分總成績99分，整學期全部考試只錯一題。

擔任過的職務：

系學會公關組員、小愛因斯坦科學營活動組員、排球社器材組員、熱音社活動組員及總務組員和活動組長、宿舍管理員、宿舍輔導員、系排副隊長及隊長。

大學畢業做過各種打工，最後選擇待在補習班當數學老師，下班之餘研究投資理財跟寫書，23歲出社會上班，還學貸，白手起家在25歲靠投資理財存到100萬元，現在靠理財讓生活變輕鬆，靠投資幫自己每年加薪額外6萬元年終，預計30歲每年多12萬，40歲每年多18萬，50歲每年多24萬提早退休。

我的人生沒有非常特別但也不平庸，微不平凡就是我人生的代名詞，如果大家也想微不平凡就跟上我的腳步吧！

如何微不平凡：設定不同人生階段的目標

生活是最好的老師，

自己選擇的路，就算再苦再累，跪著趴著也要走完，

別人講的都是故事，自己做的才是本事，

爸媽給的是背景，自己拿下的是江山，

人類的年齡平均80歲，現代人65歲才退休，

所以要好好珍惜當下有夢就去追，

不要說等我退休後再去完成夢想，

退休時你也離死亡不遠了！

原子 筆

國小國中高中：

最基本的把書讀好，讀書雖然不是一切，但沒有讀書會少了很多選擇的機會，沒讀書照樣可以扛鋼筋做工人，站7-11當店員，但如果未來想轉換跑道就會很困難。

如果家境不錯能做一個全職的學生，那一定要抱持著感恩的心，謝謝父母謝謝社會能給你安心讀書的環境，不需要因為沒錢吃飯而煩惱。

如果不想讀書也沒關係，可以跟父母討論先休學一陣子，直接去社會打工上班，你就會發現社會是很現實的，沒有高學歷、沒有能力、沒有經驗就只能做一些需要出很多勞力的工作。

老師、父母、書本曾告訴我們：

行行出狀元，職業不分貴賤，等到自己出社會才知道被騙。

一個工人在大太陽底下做工12個小時月薪4萬；一個主管高層在辦公室冷氣吹到感冒月薪8萬。

如果可以選，你想當工人還是主管？職業沒有貴賤，但有分勞力活、腦力活或是財力活。

我強烈建議老師或是父母，如果孩子或是學生不想讀書，激進一點就讓他們直接休學去工作一年以上，與其一直逼他們讀書讀10多年，他們沒有心讀書被逼得很痛苦，不如休學一年好好想清楚為什麼要讀書？讀書到底是為了誰而讀？

柔性一點就是讓孩子去做街訪，請孩子去採訪每個職業的以

下內容，工作環境、薪水、工作時間、錄取條件。

以我自己為例，我做過補習班工讀生、工人、早餐店店員、補習班老師，表格如下：

	補習班工讀生	工人	早餐店店員	補習班老師
月薪	21K	21K	21k	40k
工作環境	大部分在冷氣房，偶爾要出去在大太陽底下發傳單	每天都在大太陽底下做工	大部分時間在很熱的廚房做早餐，偶爾要冒著雨頂著太陽外送	冷氣房
工作時間	13：00～21：00排班、排休週休一日	輪班輪休平均每天工作8小時	5:00～13:00排班，排休週休一日	星期一～五14:00～22:00每週休星期日
休息時間	不固定	固定中午半個小時	不固定	固定中午1個小時
錄取條件	普通大學學歷	不要太瘦弱都能做	早上4點爬得起來就能做	跟教育有相關的大學學歷

如果家境不好，放學還要打工賺錢，或是常常要幫忙家裡無法補習，那就好好珍惜能讀書的時間，因為知識就是力量，唯有讀書才比較有機會翻身，你們比那些不愁吃穿的孩子更能體會讀

書有多重要，工作有多辛苦。

大學：

大學，顧名思義，大而廣泛的學習。

必修4學分：「課業、社團、打工、愛情」

大學4年是人生進步最快的4年，也是人生頹廢最快的4年。

就看大家怎麼規劃了！

有些人每天在宿舍打電動，4年就這樣過了，有些人參加很多社團認識很多人，過了非常充實的4年。

建議大家可以買一本筆記型行事曆，記錄每天要做的行程，1年1本，4年總共4本，每年可以回顧過去幾年過得充不充實。

課業：

最基本就是拿到畢業證書，沒興趣的科目就低空飛過，有興趣的科目就儘量多跟教授學習，因為大學畢業後如果沒有繼續讀研究所，出社會又沒找到好工作，就要開始學習怎麼陪笑臉、陪酒學一輩子了！

社團：

儘量多參加社團，我自己是參加系排跟熱音社，不管喜不喜歡接觸人，至少大學這4年一定要強迫自己去接觸人群，因為出

社會後，每天上班累得要死，通常只會參加兩種聚會：婚禮和喪禮。

系隊一定要參加，選一種運動，不一定要自己以前接觸過的，但一定要有熱情的，花時間花體力去練習，因為運動是陪伴大家一生的好夥伴。

送給大家一句我的名言：

練球是一陣子的，打球是一輩子的。

練球頂多練大學4年，畢業後就鮮少有人會糾正你的動作，球技和姿勢通常就會定型，運動就會成為你一生的好夥伴。

社團不只要參加還一定要當幹部，如果有認真參與，那一定能學到以下幾點：人際關係、自律、經營團體、領導、傳承、責任心。

我覺得最難的是傳承，因為要求自己很容易但要求別人很難，我們能做的就是還在社團裡時做好榜樣，等到畢業後就不是你的時代了，如果畢業後回社團或系隊看到學弟妹很頹廢也不需要生氣，就算他們把自己用心經營4年的東西搞爛，也只需要一笑置之就好了。

打工：

不管家裡缺不缺錢，一定要自己去打過工才會體會到錢有多難賺，懂得珍惜錢才能奠定好以後投資理財的基礎。

愛情：

可遇不可求，我們要做的就是充實自己，愛情自然會來敲門。

畢業後：

要先有一份基本的收入來源，可以創業、打工或是上班，找一份工作有一份收入來源才是通往財富自由的第一步。

上班後：

要去好好深刻體會，上班賺錢的辛苦，你真的想這樣過一輩子嗎？如果不想，那要怎麼改變？學習投資理財、轉換行業還是經營副業，這就要看每個人的本事了。

你大可不動大腦辛苦工作存錢，庸庸碌碌一輩子，也可以好好學習新的事物，讓人生不用為錢煩惱，活得更自我更精彩。

退休後：

繼續學習新事物，期望大家的退休是指財富自由，進而心境上退休，而不是法定上65歲才退休，不要被制約了，人類照理說不應該被規定幾歲才能退休，除了奴隸以外，所以我覺得現代應該是人類史上最大規模的大奴隸時代。

人活著的意義：
不斷探索跟經歷自己
內心真正最渴望的東西
直到死去

練球是一陣子的，打球是一輩子的。

讀書是一陣子的，學習是一輩子的。

原子 筆

微不凡 / 20

人生不是追求一個追求，而是過程一個過程。

我舉幾個例子：

考上第一志願：

考上了心目中的第一志願並不是就成功了，而是入學後有沒有真正在學校中學習到該學的知識與常識。

追男女朋友：

常常有人爬文學習怎麼追心儀的對象，或是追到另一半就po文改狀態，這些感情通常不會長久，因為交往後的磨合、相處才是真正的開始，正確的觀念應該是先好好充實自己，交到男女朋友不是幸福的結局，而是磨合的開始。

以我自己為例：

我從小就跟數學很有緣，自小學到國中的導師都是數學老師，而且我天生就對數學有興趣，有過於常人的數學理解力跟思考能力。

因為小時候大家認識的職業大部分只有老師、警察、醫生、總統、太空人之類的，所以我小時候立志要當數學老師，於是我從小到大都要求自己要好好學習數學不能放棄，

像是我高中叛逆期，雖然每天跑去泡網咖不讀書，但只要有

數學作業，我一定會認真寫完，全部科目都放棄，但就是不能放棄數學。高中叛逆是另一個故事，我下期再專門做一個視頻跟大家說明說明。（開玩笑的，後面會有詳述。）

到了大學也接了很多跟數學老師相關的職業：數學家教、協會數學老師、補習班解題老師、教會課後數學輔導……。

大學畢業也是不間斷地找了正職工作，去過MPM數學、奧林匹克數學任教。

所以我活了23年，一直覺得自己喜歡教數學，就一直不斷的去接觸、去學習、去燃燒生命教數學，直到我24歲因緣際會下去做了一個跟數學無關的工作後，我的人生就此改變。

因為那份工作真的太忙而沒有接觸教書，但在新的工作環境下，有一些業務跟數學有關我特別有興趣，而且用過人的數學理解力讓複雜的業務迎刃而解。日子就這樣一天一天的過，直到25歲的某一天我突然醒悟了，我覺得自己如果真的那麼愛教書，那應該不教書1個月就渾身不舒服了，但並沒有，顯然我自己內心最渴望的不是教數學。

經過我好好深層的跟自己溝通後，才發現，其實我只是因為喜歡數學，加上剛好心地善良喜歡幫助人，數學×幫助人＝數學老師，活了25年我才知道原來內心真正渴望的東西是什麼，但我相信隨著年紀增長可能內心的渴望會改變，所以我會繼續跟自己好好溝通，時不時問問最深層的自己，現在的你，是你真正想成

為的自己嗎？如果不是，那就去追求內心最渴望的東西吧！

去過內心真正想要過的生活，雖然現實一定會阻擾你，但不用擔心，我會教各位如何擁有更多自己的時間去過自己想要的生活，投資理財、微創業、重職業、微專業能幫助大家過自己內心真正想過的人生。

微創業

最厲害的不是聰明也不是努力，而是既聰明又努力！

羅丹：這個世界不是缺少美，而是缺少看到美的眼睛。

原子：這個世界不是缺少商機，而是缺少嗅到商機的鼻子。

原子 筆

在我大學剛畢業時，為了不想回家被爸媽管，所以在學校宿舍待到暑假結束才搬回家，當時剛好有一款線上遊戲復刻：「RO仙境傳說」，我朋友們找我一起回味，但其實我以前並沒有玩過RO仙境傳說，只是聽他們說在國中、國小時超紅的線上RPG遊戲。

下載並創好帳號後，我一開始玩騎士，其他朋友有人玩法師，有人玩弓箭手，因為我是遊戲達人，每次玩什麼遊戲我都會超級認真玩，除了每天熬夜練等，也會上網爬攻略，我發現這個遊戲有一個非常特別的職業：商人，他是一個拿著手推車的職業，其中一招技能是擺攤，可以自己在原地賣東西，自己設定價位跟招牌名稱，這深深吸引我，於是我馬上創了一隻商人新角。

ID是：走過路過絕對不要錯過，一開始在普隆德拉擺攤（普隆德拉是RO遊戲中最大的首都），賣一些平常打怪掉落的素材、寶物，後來發現8591數字網可以賣遊戲幣R幣換真正的錢（現金），我嗅到了商機，於是我馬上儲值6000元轉成8591點數，我嗅到的商機是：

1.這款遊戲在以前滿紅的，應該會有很多人回來玩。

2.這款遊戲剛復刻，應該還沒有那麼多投機者分這塊大餅。

3.回鍋玩家目前已經25～35歲，有一定經濟水準，應該會比較願意花個幾百、幾千甚至幾萬來儲值回味。

4.這款遊戲打怪不會掉虛幣（R幣），虛幣大部分的來源是賣

素材給NPC換R幣。

5.這款遊戲可以轉生、衝裝備、結婚之類的，這些都要花很多R幣。

6.很多特殊裝備需要儲值買扭蛋，而且最華麗的裝備是限量的。

根據以上6點，我計劃儲值6000元來微創業，並且設定收手時間為3個月內，一開始先上網爬文怎麼雙開，同時開了兩個帳號，一隻是商人固定擺攤賺錢，另一隻是弓箭手固定掛機打怪取得虛寶。

（題外話，千萬不要買入外掛、把帳密給不明人士幫忙練等或是開外掛練等，因為這些通路常常會被植入病毒，進而竊取帳號密碼，而且嫌犯很聰明，他們不會一騙到帳號密碼就把帳號盜走，他們會等受害者把遊戲角色練到很高等或是裝備蒐集很多以後，再一次盜走。）

我辛苦賺了好一陣子的R幣才存夠相等於100元現金的量，一開始我不太清楚買賣R幣跟8591的流程，於是我用8591跟當時評價排行榜最高的商家買了100元R幣，大概知道流程後我把他們商店文字跟圖片做了改良，在8591架設了我獨特的商店文字敘述與圖片，聳動的標題：160萬R幣＝100元ㄨ幫您圓了轉生夢ㄨ辛苦錢且絕對乾淨安全ㄨ第一次開店還請各位多加見諒。

交易地點選在每個人都知道的普隆德拉噴水池下方，因為

我沒有交易成功紀錄，只好先以比現價再低一點點的價位販售R幣，太低又怕大家以為是詐騙，等了大約20分鐘，終於有一位玩家跟我購買R幣，我的微創業之路正式啟程！

我知道玩家在逛8591選店家是怎麼挑選的：安全、簡單、快速、評價好。

我用白手起家的標題讓玩家覺得「安全」。

用「簡單」清楚的排版跟圖片讓玩家知道交易流程。

把交易地點設定在眾所皆知的普隆德拉噴水池下方讓大家「快速」方便交易。

因為我不用上班可以整天掛在線上，一有玩家下單我就馬上私訊他，或是有玩家私訊我，我也是立馬回覆他。還有玩家嚇到跟我說：你也回訊息回太快了吧，我女朋友回我訊息都沒回那麼快（那是你女朋友的問題吧＝w＝）。

交易的時候如果我不小心讓玩家等超過5分鐘，我就會多送一些虛寶並獻上誠摯的道歉，所以每筆交易從私訊我或是下單開始，一直到交易完成，通常我都會在5分鐘內完成，自然我的商店評價都被評滿星5顆星，因為我的拼勁讓我在8591的R幣排行榜榮登第一順位。

有一些小技巧跟大家分享：

1.你眼中的廢物可能是別人眼中的寶物：

有一個特殊素材，拿到後可以升級一個超好用的技能，是某職業大約20等就能升級，但是這個素材是在40等的怪物身上才會掉落，所以我覺得這個素材一定能賣很好的價錢，於是我用比較高等的帳號去血洗那個素材拿來賣，通常一瓶藥水只賣10R幣，那個素材我賣30萬R幣而且超級暢銷。

2.要在對的地方賣對的東西：

我玩商人時有到各個地方擺攤過，有一個地區很荒蕪但怪物很密集，所以我就在那裡賣藥水跟弓箭，懶得走回城的玩家自然會跟我買。

另一個地方有任務是要蒐集素材，於是我就開高等的帳號去洗素材，再用商人以高價賣出，想省時間的玩家自然會跟我買。

還有很多地點資源很豐富或是官方活動要打怪必須要前往，但是很偏僻，用走的要走快20分鐘，來回就要40分鐘，於是我就用一隻特殊的角色，技能是開傳送門，靠幫忙傳送玩家收費來賺錢。

3.要多逛市集：

因為有些玩家會標錯價錢，1000000跟10000000很容易打錯，因為RO只能打阿拉伯數字，加上通貨膨脹，每個東西都賣幾百萬幾億R幣，我自己也有一次標錯價錢的慘痛經驗。

那天我逛市集發現有一個行情價1000萬的東西被標成100萬，我立馬買過來拿來賣，結果我一上架就被買走，我眉頭一皺，去看了成交價，傻眼，我也標成100萬，難怪瞬間被同行買走。

4.開小號標比較高的價位：

我後來開一隻商人小號，賣一個行情價400萬的東西。小號標500萬，本尊標400萬並寫剩一個要買要快，果不其然一下就賣出去了。

後來我就開始買低賣高一些特殊裝備，月亮星星（儲值才抽得到的特殊裝備），我覺得超漂亮的，於是我用100元新臺幣買過來，後來漲到400元賣出去，但因為很漂亮而且很稀有，我覺得價值可以破千，所以後來我又用500元買回來，最後以1300元賣出去。

其他稀有卡片跟加成過的裝備類似如此，過了大約3個月，我8591的點數變成12000多點，我最後花大約200元買了自己喜歡的裝備跟結婚犒賞自己，總結投資6000元賺了6000元。

羅丹：這個世界不是缺少美，而是缺少看到美的眼睛。
原子：這個世界不是缺少商機，而是缺少嗅到商機的鼻子。

只要有獨立思考的能力，就能嗅到商機！

下圖是當年的截圖，我重新登入8591賣場才發現，之前上架的商品竟然完全被刪除了，原來太久沒更新賣場會直接被下架，有在經營8591的賣家記得不要太佛系賣東西，不然辛苦輸入的商品全部被刪光就麻煩了！

可以看小地圖
整個地圖的正中央

誰讓房價那麼高：
你自己跟你的父母

現在的房子已經不是房子，不是拿來住人，是拿來投資用的，隨便一戶就1000萬以上，但其實房子原價200萬不到，如果有人賣200萬，大家還以為是鬼屋不敢買，賣4000萬甚至2億，大家反而拍手叫好，這不是很矛盾嗎？

如果你去買一個便當，便當店老闆跟你說一個便當1000元，你會直接罵他奸商！那為什麼房子賣你1000萬，你卻說：好的，我去跟我爸媽籌頭期款的錢。

原子筆

現今社會已經慢慢從M型轉變成U型，

資源分配不均、貧富差距擴大已經是無法改變的事實，

那為什麼無法改變呢？

是誰造就了現今社會的貧富差距？

答案是我們自己的父母跟我們自己！

什麼？怎麼可能？這可能是讀者第一個反應，

那我舉一個實際的例子你們就懂了。

房價：

現在一般房價大約也要1000萬起跳，對於一個剛出社會的普通人來說，買房唯一的方法就是跟銀行貸款，一般頭期款300萬，貸款700萬，姑且當作不用付利息，一個平民百姓也要省吃儉用30年，還要跟父母拿頭期款300萬才能買得起。

以我自己為例，我是一名普通老百姓，月薪4萬，扣掉房租、伙食費、雜費等等，省吃儉用每個月能存2萬，如果從我25歲開始工作到我65歲退休，總共也才存了960萬。

所以一般人如果省吃儉用到退休大約都能存個1000萬，如果「提前上班+退休後還繼續工作」，那極限大概能存1500萬，那一輩子省吃儉用都把錢拿去買房子了！

而且當你老死的那天，房子也40年以上是老屋，順便跟你一起陪葬了，那人生還有什麼意義？

為什麼房價居高不下呢？背後是誰在支撐？

答案是你的父母和你自己，先來探討一下面對那麼高的房價我們如何解決？

上街抗議？要求政府打房？跟父母要頭期款？

上街抗議：

在西元1989年8月26日臺灣發起無殼蝸牛運動，請問成效如何？大家有目共睹，況且現代人比以前更為冷漠，要大家出來抗議根本天方夜譚，大家寧願省吃儉用住小一點的房子或是租個小套房庸碌過一生！

要求政府打房：

這是最不用妄想的，政府官員本身持有了很多房地產，打房不就是在打自己的臉，以下網址可以查詢官員有哪些資產的申報，蔡英文、馬英九、柯文哲、韓國瑜⋯⋯都查得到。

關鍵字：財產申報資料查詢──陽光法案主題網

https://priq-out.cy.gov.tw/GipExtendWeb/wSite/SpecialPublication/baseQuery.jsp

跟父母要頭期款：

老一輩的人最省吃儉用，要他們拿錢出來唯一的方法就是用親情，他們吃軟不吃硬，平常他們自己都不會買一些奢侈品，吃飯也是粗茶淡飯，買個東西貨比三家，要他們從口袋拿出一毛錢比登天還難，但只要跟他們說你的孩子或是孫子要買房錢不太夠，不夠300萬，甚至500萬，他們一定馬上把錢交出來。

所以最後房子成交了，表示成交價也被大家勉強接受，房價自然就不需要下跌了！

說到這裡，洞察力敏銳且聰明的讀者可能就會發現一個房價能夠下跌的漏洞，那就是……

先給還沒想到的讀者想一想，往前翻再讀個幾次去推敲，最後有沒有想到都沒關係，公布答案！

那就是如果大家都沒錢，自己沒錢、父母沒錢、阿公阿嬤也沒錢，那付不出頭期款房子就不會成交了不是嗎？

但很可惜的是，社會頂層的人絕對不會讓我們這些底層的人得逞，他們會發明一個新的玩意兒：**頭期頭期款**。

頭期頭期款

人類真的做壞了！
小孩時狂吸父母的錢，
壯年時花自己賺的錢，
中年時花錢養小孩跟父母，
老年時把錢給小孩買房子，
窮忙一輩子。

原子筆

這個概念是非常非常前衛的，在目前的人類歷史上可能還未被發明出來，我不是未來人，這只是我自己推算出來的。

什麼是頭期頭期款？

這個詞是我發明的，顧名思義就是頭期款的頭期款，

假如房價1000萬，頭期款300萬、貸款700萬，

簡單來說，假設付完頭期款後，就只要每個月繳2萬多的房貸繳30年，這樣的房貸一般民眾省吃儉用應該還付得出來。

但是頭期款付不出來怎麼辦？

當頭期款繳不出來時，就可以先把原本的頭期款當作總額，

總額改訂為300萬，然後訂一個頭期頭期款，

頭期頭期款90萬，貸款210萬，為期10年，每個月還2萬左右，如下圖：

頭期款	貸款
300萬	700萬（還款30年）

頭期頭期款	
90萬	210萬（還款10年）

總結：

一個正常人，

25歲開始上班，省吃儉用。

30歲前能存到90萬，就付得出頭期頭期款，然後每個月還款2萬多為期10年。

40歲時頭期款還完，開始背房貸，每個月繳2萬多，為期30年。

70歲時剛好還完房貸。

那假設未來很多人40～50歲就過勞死，只繳出大約400萬而已，那賣房的商人不就破產了？

這你不用擔心，因為房子本來成本就不到頭期款300萬，表面上賣1000萬，就算只賣400還是賺，但社會頂端的人不會讓我們得逞，他們會精算出目前當代人類的勞動極限，不會讓社會底層人類過度勞動而太早死亡。

如果太多人太早過勞死就會降低房價；

如果太多人退休後錢太多沒事做就會提高房價。

簡單來說就是「儘量壓榨」！

那到底要如何解決？

俗話說得好：打不贏他們就加入他們，如果鬥不過富人就當一個富人就好了！

要怎麼解決：成為
一個富人而不是有錢人

有錢的人實際上比他表面還要有錢100倍以上，

窮困的人實際上比他表面還要窮困100倍以上，

我每個月都會去吃一次1000元的安格斯牛排，

表面上我好像很有錢每個月都能花1000元吃大餐，

但其實我是花60萬股票的配息，

而沒花到我皮包裡的半毛錢，

富人的名車、豪宅之類的亦是如此。

相反的，窮人每個月要繳的卡債、貸款好幾千元，

但其實背後是因為欠了銀行好幾十萬。

原子 筆

要成為世界首富嗎？

難度太高而且也不需要，只要比一般人富有一點點就可以了，富有是什麼意思？

錢很多？房子很多？車子很多？

我覺得都不是，富有應該是資產很多，資產是什麼？

《富爸爸窮爸爸》一書有提及資產與負債的簡單定義，

讓錢流入你的口袋就是資產；讓錢流出你的口袋就是負債。

而我覺得，那是定義範圍較狹隘的錢，我把資產與負債提高到更高層次的定義，讓正能量流入你的身心就是資產；讓負能量流入你的身心就是負債。

舉例來說：

房子是資產還是負債？

如果一間房子300萬，我付頭期款90萬，貸款210萬，每個月還款2萬為期10年，那我會覺得每個月付出2萬還可以接受，每天都能回到自己舒適的家很安心，這時房子就為資產。

如果一間房子1000萬，我付頭期頭期款90萬，910萬還未繳，每個月還款2萬為期40年，我會覺得身心疲憊，家裡再高級每天都抑鬱寡歡，這時房子就是負債。

如果一間房子300萬，我付頭期款90萬，貸款210萬，每個月還款2萬為期10年，而且我把房子出租，收月租2.5萬，我會覺得很心安，因為好好經營的話，每個月有正5千的現金流，這時房子就是資產。

　　所以不要一股腦兒有錢就亂買車買房，後面會再詳細教學大家怎麼操作，如果做到了就很容易致富，不要被身旁的人所影響或是動搖，因為現代人的智商都太低，鮮少有人懂得自律，所以管好自己就好了！

　　這個世界是零和遊戲，我們要致富，多賺一些錢，勢必有人要變貧窮、多虧一些錢，那是他們的報應，他們無法控制自己的慾望，放肆的花錢或是隨波逐流的買入負債所造成的反噬，可憐之人必有可惡之處，後面會詳述資產跟負債的關係，如果大家有讀懂，就會知道下面這句話的重要性：

　　要買入負債前，要先買入能夠抵銷負債現金流的資產。

　　以下幾張圖片是窮人跟富人在不同年齡時，每個月收入支出的結構。

　　最底下是年齡，重複的年齡是指在此年齡期間的收入、支出改變。

左邊的長條柱是每個月的收入。右邊的長條柱是每個月的支出。範例如下圖：

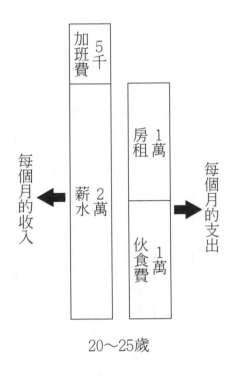

20～25歲

窮人的收入支出結構

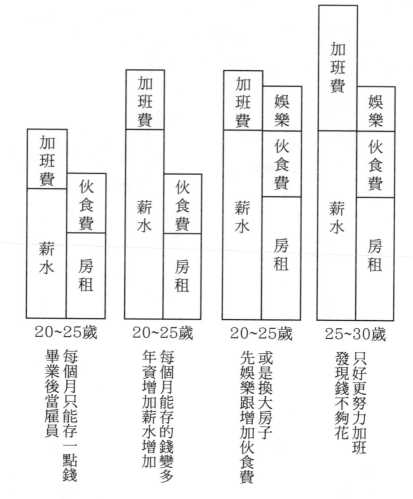

20~25歲

畢業後當雇員
每個月只能存一點錢

20~25歲

年資增加薪水增加
每個月能存的錢變多

20~25歲

先娛樂跟增加伙食費
或是換大房子

25~30歲

發現錢不夠花
只好更努力加班

加班費　｜　貸款
　　　　　娛樂
加班費　　伙食費
薪水　　　房租

加班費　｜　貸款
　　　　　娛樂
薪水　　　伙食費
　　　　　房租

加班費　｜　訂閱
　　　　　貸款
　　　　　娛樂
薪水　　　伙食費
　　　　　房租

退休後換公司繼續上班　｜　訂閱
　　　　　　　　　　　　　貸款
　　　　　　　　　　　　　娛樂
月退俸　　　　　　　　　　伙食費
　　　　　　　　　　　　　房租

25~30歲	30~65歲	30~65歲	退休後
買入房子或是車子存了一筆錢後	更努力加班只好換薪水更高的工作發現錢更不夠花	訂閱遊戲、影片錢變多後	或是再找一份工作做只好降低生活品質退休後收入變少

富人的收入支出結構

第一組（20~25歲）

收入：加班費、薪水
支出：伙食費、房租

20~25歲
畢業後當雇員
每個月只能存一點錢

第二組（20~25歲）

收入：加班費、薪水
支出：伙食費、房租

20~25歲
年資增加薪水增加
每個月能存的錢變多

第三組（25~30歲）

收入：股息、加班費、薪水
支出：伙食費、房租

25~30歲
買入股票
先不娛樂，先把錢拿去

第四組（25~30歲）

收入：版稅、股息、加班費、薪水
支出：娛樂、伙食費、房租

25~30歲
才增加娛樂、伙食費
先寫書或是部落格增加收入

30~40歲
（左）房地產／版稅／股息／薪水　（右）娛樂／伙食費／房租
專注於投資大型資產 減少上班跟加班時間收入

40~50歲
（左）房地產／債券／版稅／股息／薪水　（右）娛樂／伙食費／房租
完善資產結構

50~60歲
（左）房地產／債券／版稅／股息　（右）娛樂／伙食費／房租
可以離職 資產結構完成後就

退休？
（左）房地產／債券／版稅／股息　（右）娛樂／伙食費／房租
並沒有退休的問題 並完成自己的使命與夢想 富人一輩子都在追求

微不平凡的收入支出結構

20~25歲
- 加班費 5千
- 薪水 2萬
- 房租 1萬
- 伙食費 1萬

畢業後當雇員 每個月只能存一點錢

20~25歲
- 加班費 5千
- 薪水 3萬
- 房租 1萬
- 伙食費 1萬

每個月能存的錢變多 年資增加薪水增加

25~30歲
- 股息 3千
- 加班費 5千
- 薪水 3萬5千
- 娛樂 3千
- 房租 1萬
- 伙食費 1萬

先買入股票 才能花費相等之娛樂

30~45歲
- 版稅 3千
- 股息 5千
- 加班費 5千
- 薪水 4萬
- 娛樂 5千
- 房租 1萬5千
- 家庭支出 2萬

持續買入股票跟經營副業 結婚換大房子跟增加支出

45~65歲
- 版稅 5千
- 股息 1萬
- 加班費 5千
- 薪水 4萬
- 娛樂 5千
- 房租 1萬5千
- 家庭支出 2萬

持續買入資產跟經營副業

退休後
- 版稅 5千
- 股息 2萬
- 月退俸 2萬
- 娛樂 5千
- 房租 1萬5千
- 家庭支出 2萬

資產＋月退俸足以支付支出 退休前務必確認

但我們一般老百姓沒有富爸爸，基本上很難購入房地產之類的大型資產，所以就折衷，用資產跟月退俸支付退休後所需的支出，這時可能會有很多讀者鄙視我，問說：「所以照你的方法還是得要工作到65歲退休？」沒錯！因為我們就是窮，沒有富爸爸，就只能認份的工作到法定年齡才能退休，但微不平凡的是不用再為錢所困，運氣最差頂多到65歲不會捉襟見肘、不用降低生活品質，運氣好一點，投資理財非常成功才有可能40歲之前退休，但如果完全不去學習投資理財，退休後一定得要繼續上班到80歲或是降低生活品質。

　　從圖片就可以清楚分析出來：

窮人：

　　收入只有工作跟加班，所以窮人只能不停的工作，賺到錢後又買入更多的負債，為了不要入不敷出，只好更努力的上班跟加班，直到退休後負債累累，無法退休還得繼續上班。

富人：

　　收入比較多樣，當存到錢時，富人是選擇先購入資產，再購入負債享受，最後資產收入足夠支付支出時，富人就可以不用繼續當雇員，達到財富自由。

微不平凡：

收入無法像富人有那麼多種，大家就選擇自己專業或是有興趣的副業，寫寫書賺稿費、買股票、寫部落格之類的，讓資產＋月退俸能大於支出，這樣退休後就不會捉襟見肘了。

所以大家不要被外表迷惑了，富人跟窮人可能都會買名車跟豪宅，但兩種人是完全不同檔次的。

窮人是裸體直接購入名車跟豪宅，所以只能更努力上班、加班，深怕哪一天被裁員了就無力償還貸款、稅、保險……，車子跟房子就難保不被法拍。

但富人則是先購入很多資產，而那些名車和豪宅的貸款、稅、保險是用收股息、收房租之類的錢來支付的，所以不會消耗到任何的資產。

底層家庭的悲歌

世界上只有貧窮、疾病和衰老是不勞而獲的東西。

原子 筆

舉以下兩個我周遭朋友的家庭為例：（為了保護當事人有改編家庭人數跟職業，但現金流大同小異）

家庭1：

家庭成員：父親、母親、3個兒子，財產：2棟房子、2部車子，父母都是公務員，2個人加起來月薪12萬左右。

3個孩子從小到大都衣食無缺，甚至國中就買iphone、穿名牌，大學畢業後都在家裡蹲，到處考公家機關，每年重考都考不上，目前年齡都已經超過30歲還在重考，再過3～5年父母就要屆臨65歲被強制退休。

因為車子、房子只有2個，不夠3個孩子分，所以目前3個孩子每天都在吵架要爭房子、車子，父母考慮把退休金拿出來再買1棟房子跟1台車子，好讓家庭和諧，並且期待著年紀已經超過30歲卻未曾工作過的孩子們會長大變成熟，等父母退休後3個孩子會去上班賺錢，並且給父母孝親費。

家庭2：

家庭成員：父親、母親、1個兒子、1個女兒，財產：1棟房子、1部車子，父親自由業收入不穩定，母親是家庭主婦，等孩子上大學才二度就業，2人收入加起來6～8萬。

2個孩子從小省吃儉用，大學還去辦了學貸，讀大學時打

工，畢業時直接就業，經濟獨立，各自在外面租房子，騎機車上班。

現在父母隨時都可以退休，因為孩子都自力更生，也沒有跟父母要車要房的問題，但孩子因為買不起房子、車子所以遲遲無法結婚。

從以上2個家庭可以發現，他們兩家人一輩子都在為錢所困，他們是缺少了什麼嗎？

錢？教育？

家庭1是缺少教育！

如果有好好教導孩子要經濟獨立，孩子就能在不用付車貸、房貸下，有多的錢可以投資理財。

家庭2是缺少錢！

如果父母有錢，再加上孩子經濟獨立，孩子們就能結婚生子了。

所以，如果一個人或是一個家族要變富有，錢跟教育是不可或缺的！

活負債、死負債、活資產、死資產

犯錯為成功之母，犯錯時不要覺得尷尬、丟臉、不好意思，

要正視自己犯的錯誤，不要逃避、不承認、視而不見，

1. 承認犯錯

2. 道歉

3. 檢討

4. 預防下次再犯

例如：全罩式安全帽，承認自己的克制力低迷（本章節），

與其找一個成功的人來說服大家要做什麼才能成功，

不如找一個失敗的人來警示大家做什麼所以才失敗。

原子筆

先來複習一下簡單的定義，什麼是負債？什麼是資產？

《富爸爸窮爸爸》裡面有提到：

讓錢流進你口袋的就是資產；讓錢流出你口袋的就是負債。

而活和死是我自己發明的。

活：簡單來說就是還有在運作，但是如果不去維持那就會死。

死：簡單來說就是結束了，不會再運作了。

所以把活死套入資產負債就變成：

活負債：

會持續把你口袋的錢流出來，如果沒有維持好，那活負債就會死。

舉例：自用車子。

買來要一直加油、繳稅、買保險，如果沒有維持，車子就要賣掉或是報廢，就不會再讓你的錢變少了。

死負債：

讓你的錢流出口袋就結束了。

舉例：過多的衣服、鞋子。

買入會花錢，但買入後就結束了，不會讓錢一直流出口袋。

活資產：

會持續把錢流入妳的口袋，如果沒有維持好，那活資產就會死。

舉例：股票、債券。

買來會配股、配息，但如果公司已經要倒了還不脫手，那就會變壁紙。

死資產：

讓錢流入你的口袋就結束了。

舉例：古董、股票、黃金之類有價差的標的，成交後就不會再有更多錢流進口袋。

以下是我自己每個月的表格。

西元 2020 年					
活資產（每個月）	薪水	40000元	活負債（每個月）	伙食費	8000元
	股息	5000元		房租	8000元
		元		就學貸款	3000元
死資產（一次性）	加班費	1000元	死負債（一次性）	Swich	20000元
	股票價差	1000元		生病藥費	1000元
總收入 47000元			總支出 40000元		
總收入－總支出＝月現金流：47000－40000＝7000					

　　列出來以後就能很明顯看出來，什麼東西最花錢，什麼東西最值錢，好玩的Nintendo Switch最花錢，其次是房租跟伙食費，月薪收入最高表示自己本身最值錢，所以要好好愛惜自己的身體。

　　那如何變富有呢？
　　很簡單：

多買入資產，不管死的活的。

少買入負債，不管死的活的。

那該從哪個開始下手？

用邏輯推理可以知道，活的東西一定比死的東西難處理，所以建議投資理財新手先從：

增加死資產，減少死負債下手比較容易！

最簡單就是兼差或是加班最容易增加死資產。

少買一些500年才穿一次的衣服、2000年才穿一次的鞋子，來減少死負債。

當然一開始克制力還不夠強，賺的錢變多就會想買一些不必要的東西，但沒關係，想買就去買，買來過幾個月後再來好好反思，這種行為到底是否正確？

舉我自己為例：

我一開始也是腦波很弱，自制力不足，我去加班然後錢變多，瞬間覺得自己是大富翁，想買一些高級東西犒賞自己，於是就買了一頂3000元全罩式安全帽，戴了沒幾個月，因為實在太不方便所以就被封藏在鞋櫃裡了。

現在我每天上班只要打開鞋櫃都會看到那頂安全帽，每天提醒我，不要亂買負債，與其壓抑自己不去買負債，不如就去買吧！買來開心個幾天，接著就能深刻體會跟領悟到，買入負債後有多麼的空虛。

實際如何操作？

舉我自己為例：

我月薪4萬，支出2萬，剩下2萬自動存進證券戶裡。

1.先算好自己的收入與支出。

2.每個月發薪水時把支出的錢分裝在大錢包跟小錢包裡，出門帶小錢包，小錢包不夠錢再從大錢包拿。

3.發薪水當天把要存的錢存進設定的戶頭裡，我自己是設定約定轉帳，因為公司發薪水日期固定，所以我就設定每個月發薪日隔天自動轉出2萬到證券戶。

投資理財新手可以先存到一般銀行或郵局戶頭，到時候再規劃看要花在環遊世界、創業、定存、股票、基金都可以。

4.四個字，堅持到底。

一開始月底通常會沒錢，可以先從存錢戶頭拿一些出來並記錄失敗缺額多少，每個月要慢慢控制縮小月底錢的缺額，可以用一些小技巧懲罰或獎勵自己。

我對自己比較嚴格，像最近我因為吃太多宵夜跟買太多零食，所以發薪水前3天就快沒錢了，我就懲罰自己最後這3天每天只能吃最便宜的粥跟白吐司。

另一次因為有加班，加上當月沒有買太多飲料跟零食，月底前還有餘額2000多元，於是我就去吃1000多元的牛排犒賞自己。

總而言之，自律自律再自律，就能跟我一樣微不平凡，該支出的錢拿出來花，該存起來的錢死都不能動，月底的餘額一定要給它全部花光犒賞自己，持之以恆，1年……2年……10年……30年差距就出來了。

月現金流表格：

大家把每個月平均的支出跟收入填入表格中，如果是一年調整的項目就除以12，例如：股息。

我今年股息領了60000/12＝5000，如果是每個月固定加班，那加班就可以移到活資產那個表格，甚至是每個月被強迫加班也可以直接納入薪水。

填寫方法很簡單：

1.先填入活負債、死負債、活資產、死資產的名稱跟數字。

2.把活負債、死負債加總填到下方總支出。

3.把活資產、死資產加總填到下方總收入。

4.把總收入減掉總支出填入月現金流就大功告成。

下面是先給讀者練習的表格，後面會有每年的表格，大家不用自己另外印。

西元　　　年				
活資產（每個月）	薪水	＿＿＿＿＿元	活負債（每個月）	伙食費	＿＿＿＿＿元
		＿＿＿＿＿元			＿＿＿＿＿元
		＿＿＿＿＿元			＿＿＿＿＿元
		＿＿＿＿＿元			＿＿＿＿＿元
		＿＿＿＿＿元			＿＿＿＿＿元
死資產（一次性）	加班費	＿＿＿＿＿元	死負債（一次性）	網購團購	＿＿＿＿＿元
		＿＿＿＿＿元			＿＿＿＿＿元
		＿＿＿＿＿元			＿＿＿＿＿元
		＿＿＿＿＿元			＿＿＿＿＿元
		＿＿＿＿＿元			＿＿＿＿＿元

總收入＿＿＿＿＿＿元　　　　　總支出＿＿＿＿＿＿元

總收入－總支出＝月現金流：　　　　　－　　　　－

投資、投機、彩券、賭博

　　給孩子教育而不要給金錢，傳家之寶：教育。

　　給孩子再多的錢都沒用，錢有花完的一天，給孩子越多錢他們胃口越大，反而越給越窮困，但教育不一樣，教育不單單只是單方面的教孩子，而是互相溝通思考學習，孩子會越教越優秀，而且——

　　教育永遠不嫌多：師長的嘮叨。

　　教育永遠不嫌少：勿以惡小而為之，勿以善小而不為。

　　教育永遠不嫌早：從小培養家庭教育，

　　教育永遠不嫌老：活到老學到老。

原子筆

投資：

投資是非常穩健漫長而踏實的事，基本上就算是超級新手或是對數字非常駑鈍的人，只要用心經營20年以上就一定能嚐到財富自由後現金流的甜果，但對於急著吃棉花糖的現代人來說，刺激、新奇、一夜致富才是他們需要的，所以為什麼投機、彩券、賭博那麼盛行。

投機：

適時的投機其實是好的，但要自己精算出投機成功的機率與自己所能承受的風險，不要已經有家庭了，孩子還在讀小學還去借錢投機。

前面提到我在8591當小老闆的例子就是一種投機，嗅到商機，精算好自己的時間、籌碼，大膽出手，用心經營，見好就收。

彩券：

基本上現代都是電腦開號，所以每次莊家要發出多少獎金電腦都是能精算出來的，除非哪一天回到實體球球開獎，不然買彩券的期望值是負的，而且一翻兩瞪眼，無法長期持有帶來財富。

賭博：

贏了錢，輸了命。

贏了命，輸了錢。

賭贏了大錢，莊家亮槍，走不出賭場。

賭輸了大錢，莊家亮槍，誰還敢鬧場。

股票

巴菲特：當退潮時才知道誰沒穿泳褲。

原子：當漲潮時才知道誰沒在船上。

原子筆

當退潮時才知道誰沒穿泳褲，

當漲潮時才知道誰沒在船上。

巴菲特曾經說過：「當退潮時才知道誰沒穿泳褲。」他是要表達當經濟發展趨緩甚至崩壞時，才知道哪些公司是真正穩健的，所以當股價很高時一定要睜大眼睛看清楚，不要買到被炒高的壁紙了。

股價高，股票為王，股票大崩盤時，現金為王。

但我覺得加上我的名言就更完整了！

「當漲潮時才知道誰沒在船上。」

我要表達的是當經濟在快速穩定成長時，每家公司幾乎都能賺錢，股價通常也都扶搖直上，如果存錢的速度趕不上股價成長的速度，那就只能眼睜睜的看著各個好股票離你遠去。

股價低，現金為王，股價大成長時，股票為王。

股票迷思概念：

1.交易量大的股票比較安全？

如果公司要倒了，就算平常成交量200兆的股票一樣沒有人要買，最後也賣不出去。

2.殖利率高的股票比較優質？

有可能是老鼠會，假設一張股票100元，殖利率10％，表面上持有10年就能回本，但如果是假公司，公司拿你付的100元每年還你10元，如果在第5年倒了，投資者一樣是虧錢收場，所以我們應該要著重於檢視公司的基本面，而不是看它的配息或是技術線圖。

舉一個簡單的例子：

假如我對外宣稱要開公司，所以跟每個人募資100元，募資10萬個人就募資到1000萬，我答應每年配5元給大家，但實際上我完全不做事躺在家裡看韓劇、打電動，每年配息時就把大家給我的100元拿出5元還給大家，計算一下發現配20年才會把100元完全還給大家，所以我只需要在20年內宣布破產潛逃到國外，就能大賺一筆。

3.優質的公司股票比較好？

公司好不代表股票好，因為好公司如果人家對它的期待太高，股價就會溢價太多，買入後賠錢的機率就很大，買入賣出的時機點比較重要，因為股票的股價是完全呈現了大家對這家公司未來的預期價格，可能是預期3年後或是20年後，所以應該要在股價被低估時買入股票，股價被高估時賣出股票，才會比較容易獲利。

舉一個簡單的例子：

現在有一家公司在賣飲料，每年賺錢會發給股東5元，這時候大家就會掐指一算，假如公司沒什麼意外，20年後就總共能配出100元。

所以投資者如果覺得自己能活到20年後，而且公司到那個時候不會倒，就會願意用100元購入此股票。

假設飲料店生意蒸蒸日上，雖然財報還沒公布，但投資者站在飲料店前面，看著大家狂買飲料，投資者就會預期今年可能會配比較多錢，假如預估今年會配20元，那配息20年等於會配400元，所以大家就會搶買這支股票，直到股價從20元漲到400左右。

結果財報公布只配15元，就等於配息20年會配300元，所以股價就會跌回300元附近。

如下圖

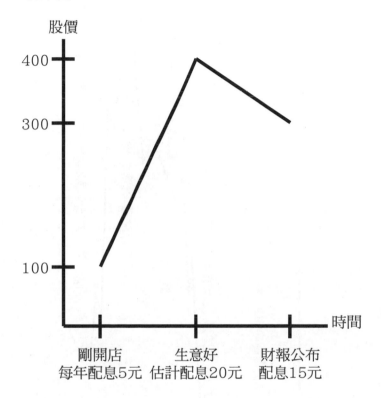

理論上就是很簡單的漲跌，但實際上大家收到消息的時間點不一樣，所以才會有股價的波動。

專業投資者通常消息比較靈通是第2手或是第3手消息，散戶通常都是看新聞或是聽其他人閒聊，是第100手或是第200手消息。

如下圖

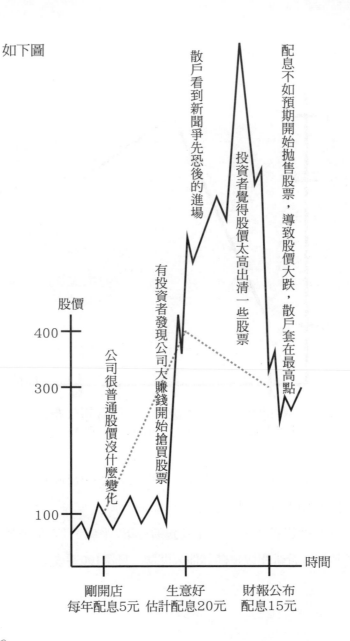

散戶看到新聞爭先恐後的進場

配息不如預期開始拋售股票，導致股價大跌，散戶套在最高點

投資者覺得股價太高出清一些股票

有投資者發現公司大賺錢開始搶買股票

公司很普通股價沒什麼變化

股價

400

300

100

時間

剛開店
每年配息5元　估計配息20元　配息15元
生意好　財報公布

微不平凡　/ 68

股票持有20年跟殖利率5％只是我的舉例，大家的價值觀跟年齡不一樣，會有不同的策略。

舉例來說：

65歲的人如果要投資，通常是拿一大筆退休金去買股票，比較在乎安全、穩定，所以可能會買入殖利率3％左右的股票，但如果遇到股價波動，跌個10％之類的就會直接認賠殺出，因為他們已經65歲了，持有股票不可能超過30年以上，所以老人的優勢是資金大，可以買入股價較高的股票，劣勢是持有時間短，遇到金融海嘯只能認賠殺出。

25歲的人如果要投資，通常是拿省吃儉用的錢來投資，比較在乎便宜、獲利高，所以可能會買入殖利率7％以上的股票，或是不配息但股價波動很大的股票，可是如果遇到股價波動，跌個10％之類的就會認賠殺出，因為他們購入的股票可能沒有配息，或是他們覺得先止血再說，反正錢再賺就有了，所以年輕人的優勢是敢於承擔風險做價差，劣勢是資金少，無法買入大型公司的股票。

4.停損點？停損點是人類史上最大騙局。

股價高高低低跟人生一樣，你會因為人生低潮就自殺嗎？

公司也是，公司營運本來就有淡季跟旺季，股價會漲漲跌跌，我們需要做的就是在公司淡季買入，公司旺季賣出，而且如

果公司遭受到永久性衝擊，股價早已反應，除非你的消息靈通，不然股價已經大跌，再賣出已經徒勞無功，我們要做的事就是檢討為什麼我們會買到這支股票，是不是哪裡沒有分析清楚，避免下一次又買到地雷股。

但通常股價變高或是變低都是有人為在操作，假設公司營運沒什麼變化，操盤手只好自己改變股價，刻意壓低股價，或是放出利空消息，散戶就會很害怕，開始脫手股票，進而被專業投資者買過去，等到散戶賣得差不多，再放出一個利多的消息就會漲回來。

提高股價也是一樣的道理，先放出利多的消息，散戶搶著上車，把股價推高，等到散戶資金用盡，專業投資者股票賣得差不多，再放出一個利空消息，股價就會大跌。

所以我們要做的事，就是清楚的知道我們買入的股票到底值多少錢，如果低於這個價錢太多就可以加碼買入，高於這個價錢太多就可以出清一些，不要被消息面、技術線圖、新聞之類的所迷惑。

舉一個我自己發明的理論。

衛生紙理論：

大家一定有去超商買過衛生紙，假設買入的價格是100元，過了幾天後，逛超商發現衛生紙打8折，你的心裡一定會咒罵一下，然後多買個2包回家囤貨，此時的心態會覺得架上打折的衛

生紙比較划算，想要買入。

但如果是發現漲價了，心裡就會暗爽，想說好險之前就買入了，此時的心態會覺得手中買入的衛生紙比較划算，恨不得賣回給店家。

股票亦是如此，如果買入的價位是100元，過幾天發現股票跌了，應該要覺得市面上的股票比較划算，多買幾張才對，而不是要停損賣出股票。

如果股價漲了，應該要覺得手中的股票比較划算，要出清賣出一些股票而不是追高買入。

大家不要被新聞、投資理財專家、基金管理人給迷惑了，設什麼停損點之類的，只會被割韭菜。

5.ETF？

大家可以在臺灣證券交易所查詢到以下資料：

· ETF申購買回機制

由於ETF架構為開放式基金，上市後可從初級市場透過參與證券商以基金淨值進行申購／買回。ETF的申購買回分為「實物申購／買回」及「現金申購／買回」。

· 實物申購／買回：

（1）ETF發行人每日公布實物申購買回清單（portfolio

composition file, PCF），為「實物申購／買回基數」，申購／買回只能以此基數或其整數倍進行。

(2) ETF之「實物申購」即是交付一籃子股票（整數倍的實物申購／買回基數）予參與證券商，以交換「一定數量」之ETF，相對應之「實物買回」便是以「一定數量」之ETF換回一籃子股票。

· 現金申購／買回

意指透過參與證券商以現金方式交付對價向投信公司申購／贖回一定數量之ETF。目前追蹤海外成分證券指數、海外商品期貨指數、槓桿型／反向型等ETF皆採行現金申購／贖回。

ETF的申購買回機制，能讓ETF的市價和淨值收斂在一定幅度內，使投資人於次級市場交易之市價貼近其真實價值。

幫大家翻譯一下：

簡單來說ETF可以想像是一個便當，裡面假設有白飯、雞腿、青菜，這個ETF命名為「雞飯ETF」，一個雞飯ETF就等於白飯＋雞腿＋青菜。

我們一般散戶想買入一個雞飯ETF就是直接付現金買入，想賣出就是把雞飯ETF拿去退錢換成現金。

而另一種方式就是，拿白飯＋雞腿＋青菜去中購一個雞飯ETF。

　　相反的，把雞飯ETF退貨換成白飯＋雞腿＋青菜，但這種方式通常只有大戶能做到，因為申購／買回基本單位很大，資金不夠的投資者沒有那麼多錢使用此方法操作。

　　ETF原本是富人拿來避稅的工具，大家去查一下0050跟2330的外資持有比例變化，就不難發現，每年在2330配息前0050的外資持有比例就會突然暴增，等到2330配息完就會降低，但ETF現在卻被媒體或是各個投資理財專家洗腦、吹捧成很好的避險產品，ETF事實上不但不能避險，還比股票更危險、獲益更差！

　　因為ETF改變了股價進而迷惑大家，而且還會被偷偷的扣很多內在的費用。

　　舉一個例子：
　　一張股票75萬元，突然跌到63萬元，跌幅12萬元。
　　一張ETF 5千元，突然跌到4千元，跌幅1千元。
　　大家憑感覺說出哪個損失比較大？
　　大部分的人包括我自己乍看之下也是覺得ETF好像沒什麼跌，但經過仔細的計算過才會發現，股票跌幅是16％，ETF跌幅是20％，那為什麼要看跌幅呢？從數學觀點就能迎刃而解。

因為假設現在我有75萬元，我可以買入1張股票，此時股票的損失就是1張×12萬元＝虧損12萬元。

假設我75萬元買入ETF可以買入150張，此時ETF的損失就是150張×1千元＝虧損15萬元。

經過計算才會驚訝的發現ETF的虧損竟然還比較大！

現在很多國家都在玩ETF或是拆股的數字遊戲，因為普通一張股票要則好幾10萬，一般的散戶買不起，但如果把股票切割成數張ETF，ETF價格就會變成幾千元或是幾百元而已，1張台積電30萬元，散戶買不起面紅耳赤，現在把台積電跟其他股票切割包裝成ETF，一張才幾千元，散戶看到立刻歡呼雀躍，買爆ETF，還到處吹捧自己是台積電的股東。

6.專業的基金管理員？

很多散戶上班很忙，下班很累，自己不懂投資理財又懶得學，所以最簡單的方法就是把錢交給專業的基金管理員操盤或是買入最夯的ETF，這時就踏上了被割韭菜的命運，因為你把控制權交給別人。

舉一個例子：

假設你把錢交給基金管理員操盤，操盤手幫你買賣股票，然後剛好遇到武漢肺炎或是金融風暴之類的股災，操盤手就幫你在股票跌5％或是10％時停損賣出，然後在疫情穩定或是市場回溫

後買回股票，他的說法就是：「現在遇到股災幫你止血，等市場回溫再幫你買回來。」聽起來好感人，他幫你躲過了股災，你感動到眼眶泛淚，而我聽到會笑到眼眶泛淚。

要先了解基金管理員的收入來源，買賣產品可以抽成、每年收管理費……，所以他們根本不在意你賺錢還是賠錢，他們只想要不停地買入賣出去洗交易量，甚至在最低點把你的股票賣出，他們自己買入之類的。

7.臺灣證券交易所是私人公司？

很多人都跟風買股票，如果手中的股票變成壁紙就會上街抗議、陳情，咒罵證交所、政府無能，但最後基本上都得不到好的回應跟賠償，因為其實臺灣證券交易所是私人的公司，去官網查詢就能查到其股東是一些集團、大公司（題外話，其實每個國家也都是私人集團，關鍵字搜尋：外匯存底、匯率），前面的章節也有稍微提到類似的概念，公司的運作核心理念很像FED，而且你知道嗎？

臺灣證券交易所每年還會配息！

到臺灣證券交易所的首頁：https://www.twse.com.tw/zh/

在「關於證交所」中就能查到：「股利分派」和「董監事名錄」。

	董事長：臺灣銀行股份有限公司	代表人許璋瑤
董事	臺灣土地銀行股份有限公司	代表人黃伯川
	台灣中油股份有限公司	代表人李順欽
	兆豐國際商業銀行股份有限公司	代表人簡鴻文
	台灣水泥股份有限公司	代表人張安平
	永豐餘投資控股股份有限公司	代表人朱士廷
	國票綜合證券股份有限公司	代表人洪三雄
	元大證券股份有限公司	代表人馬維辰
	富邦綜合證券股份有限公司	代表人史　綱
	簡立忠、吳琮璠、陳明進、莊永丞、劉彩卿	主管機關指派
常駐監察人：林國全		主管機關指派
監察人	華南商業銀行股份有限公司	代表人張雲鵬
	日盛證券股份有限公司	代表人黃錦瑭

- 服務介紹
- 組織介紹
- 經營團隊
- 服務窗口
- 聯絡我們
- 財務報告書
- 股利分派
- 董監事名錄
- 影音介紹
- 年報
- Fact Book
- ISO認證
- 證交所地圖
- 臺灣投資指南 2020

股利所屬年度
108
107
106
105
104
103
102
101
100
99
98

總結：

股價低，把錢拿去買股票，股價慢慢上升後持有股票，股票到緊繃高點時，出清一些股票換現金，股價崩盤時，等待再等待，等待時就是持有股票並開始存現金。

等股價穩定或是開始上漲時回到第一個步驟，股價低，把錢拿去買股票。還有最重要的一點就是要自己操盤，買入股票（個股），請不要買任何的基金，尤其是ETF。

我的下一本書會再詳細教大家如何買入好的股票，包括進場時機、估值、選股……之類的，但老樣子我不會推薦任何一支個股，希望大家都有獨立思考的能力。

為什麼存到100萬很重要？

蘇軾：回首向來蕭瑟處，歸去，也無風雨也無晴。

原子：蘇軾寫得太好了，我想不到比他更好的詩。

原子 筆

當存到100萬時，拿去投資最起碼也有3～5％殖利率，假設一個月存5千等於一年存6萬，如下表。

經過幾年	存錢+投資	存錢	投資	存錢+投資
0	0.0	100	100.0	100.0
1	6.2	106	104.0	110.2
2	12.7	112	108.2	120.9
3	19.5	118	112.5	132.0
4	26.5	124	117.0	143.5
5	33.8	130	121.7	155.5
6	41.4	136	126.5	167.9
7	49.3	142	131.6	180.9
8	57.5	148	136.9	194.4
9	66.0	154	142.3	208.4
10	74.9	160	148.0	222.9
11	84.2	166	153.9	238.1
12	93.8	172	160.1	253.9
13	103.8	178	166.5	270.3
14	114.1	184	173.2	287.3
15	124.9	190	180.1	305.0
16	136.2	196	187.3	323.5
17	147.9	202	194.8	342.7
18	160.0	208	202.6	362.6
19	172.7	214	210.7	383.4
20	185.8	220	219.1	404.9

21	199.5	226	227.9	427.4
22	213.7	232	237.0	450.7
23	228.5	238	246.5	475.0
24	243.9	244	256.3	500.2
25	259.9	250	266.6	526.5
26	276.5	256	277.2	553.8
27	293.8	262	288.3	582.1
28	311.8	268	299.9	611.7
29	330.5	274	311.9	642.4
30	350.0	280	324.3	674.3
31	370.2	286	337.3	707.5
32	391.3	292	350.8	742.1
33	413.1	298	364.8	778.0
34	435.9	304	379.4	815.3
35	459.6	310	394.6	854.2
36	484.2	316	410.4	894.6
37	509.8	322	426.8	936.6
38	536.5	328	443.9	980.3
39	564.2	334	461.6	1025.8
40	593.0	340	480.1	1073.1

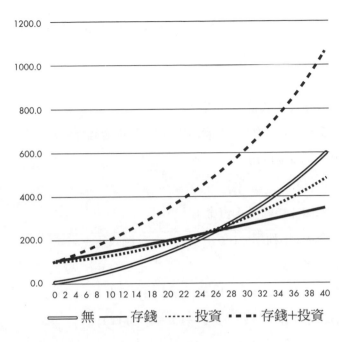

無：沒有啟動金，但持續存錢+投資。

其他三個是先投入100萬再開始操作。

從圖中就能清楚看出來，如果有持續存錢+投資，明顯比單純投資或是存錢多2～3倍。

簡單來說就是啟動金100萬存到後就會開始進入人生下一個階段了。

所以投資理財的成功方程式就是：

啟動金+持續投入資金+長時間持有

以下是詳細的精算過程，對數學沒興趣的讀者可以跳過公式推導的部分直接看圖就可以了。

第一種（不繼續投入資金）

本金＝a 年利率＝r 不繼續投入資金 經過幾年＝x

第x年：a（1+r）^x

第二種（持續投入資金）

本金＝a 年利率＝r 每年投入＝b 經過幾年＝x

第零年：a

第一年：（a+b）（1+r）＝a（1+r）+b（1+r）

第二年：[a（1+r）+b（1+r）+b]（1+r）

＝a（1+r）^2+b（1+r）^2+b（1+r）

第x年：

a（1+r）^x+b（1+r）^x+b（1+r）^（x-1）+……+b（1+r）

＝a（1+r）^x+b[（1+r）^x+（1+r）^（x-1）+……+（1+r）]

令S＝（1+r）^x+（1+r）^（x-1）+……+（1+r）

S（1+r）＝（1+r）^（x+1）+（1+r）^x+……+（1+r）^2

S（1+r）-S＝（1+r）^（x+1）-（1+r）

rS＝（1+r）^（x+1）-（1+r）

S＝[（1+r）^（x+1）-（1+r）]/r

代回原式

第x年：a（1+r）^x+b[（1+r）^（x+1）-（1+r）]/r

·下圖

實線是先投入啟動金100萬，每個月持續投入1萬，殖利率4%。虛線是先投入啟動金100萬，殖利率4%，

所以從宏觀的角度可以發現本金、持續投入的資金大小影響並沒有那麼顯著，反而是時間的影響最顯著，因為在一千年以後，累積的金額高達4千京（京＝萬兆），

100（1+0.04）^（1000）+12[（1+0.04）^（1000+1）-（1+0.04）]/（0.04）＝44487347759663407104

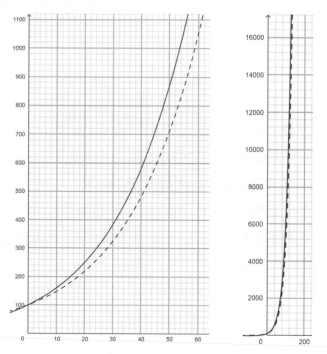

圖是用線上免費工具繪製的：geogebra
https://www.geogebra.org/graphing?lang＝zh-TW

回到現實面，每個人的一生大約會有40年可以賺錢。

與其跟完全沒有投資理財的人一起怨天尤人，不如開始行動，所以只要盡早學習好投資理財。

40歲資產400萬，60歲資產1000萬不是夢，如果你覺得這樣賺要等好久而且不夠多，並且還聽說有人白手起家30歲就能資產1000萬，那只有兩種可能性：

1.詐騙

2.作夢

因為現實就是這樣，資產的累積跟3個東西有關：本金、利率、時間。

你沒有富爸爸，沒有雄厚的本金，正常投資管道殖利率也只有3～5％，所以現在唯一能致富的關鍵就只剩時間了。

啟動金＋持續投入資金＋長時間持有

這三個缺一不可，如果有認分的做到長期持有，40年後就會明白蘇軾說過的話「回首向來蕭瑟處，歸去，也無風雨也無晴」。

只要長期持有，一路上資產會遇到的暴漲暴跌都已經與我無關。

Uber Eats

時代在改變，

以前是老闆決定要賣什麼，

現在是顧客決定要買什麼，

EX：Line貼圖、Uber Eats、youtuber

原子筆

我原本的工作月薪40K，為了要增加收入，我選擇增加最簡單的死資產，那就是兼差：Uber Eats。

　　新聞常常報導外送員月薪10萬，於是我上網爬文，查詢哪個外送公司適合我，最後全部的外送公司只有Uber Eats可以用兼差的模式上班，所以我選擇加入他們。申請流程很快而且簡單方便，上傳一些基本文件送審幾天後去分公司面試一下，領個包包就能上路了。

　　剛開始比較不熟悉，1個小時只接到一單，一單大約50元～90元不等，後來跑了1個月後，熟悉接單的時段跟地段，大約一個小時可以完成2～3單，時薪大約140～210元。

　　星期一到星期五每天可以跑3個小時，週六、週日共可以跑16個小時，一週總共可以跑30個小時，大約加薪5000元左右。

　　現代社會基本上不是在工作，都是類似打工，大家都在拼第一筆資金，可能是第一桶金或是更高的金額，等到存夠啟動資金，就能開始上一章所提及的方法致富：

啟動金+持續投入資金+長時間持有

附上當年外送APP的截圖

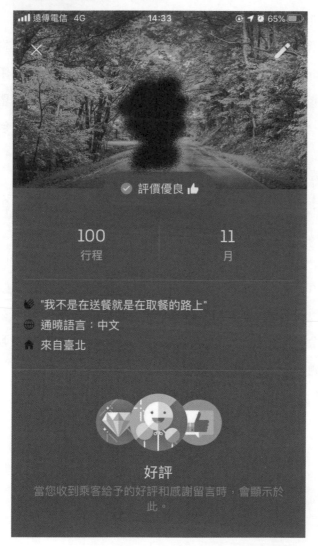

要怎麼存到100萬？

看到一般人看不到的東西，

我看到的是：

月薪4萬，2萬投資，2萬可以花；

一般人看到的是：

月薪4萬可以花，如果有剩下的可以存起來。

原子筆

白手起家心路歷程（微靠父母），先看看我的身分背景，大家可以參考完後評估自己現況，並規劃出屬於自己的投資理財道路。

　　我是小康家庭，很感謝父母有給我大學基本的生活費每個月8K，出社會後我經濟獨立，他們也體諒我薪水低所以沒跟我拿孝親費。

　　我出生於1994年，今年25歲，大學畢業3年，有學貸要背，大學時有接家教跟去補習班被主任磨練，月入大約10K。4年只存到300K（因為還有買機車跟出去玩吃大餐之類的）。

　　大學剛畢業時，薪水2萬多，住家裡、吃家裡、沒有給家裡孝親費，大概維持1個月後到別的縣市換一個薪水3萬多的工作。

　　目前工作大約月薪35K，下班兼差月入5K，花費如下：房租8K，伙食費8K，雜費4K。

　　收入40K，花費20K，投資20K，3年總共投資720K，加上之前存的300K共存了1020K。

　　結論

　　1.設定目標：幾年內要存到？每個月要存多少？

　　2.持之以恆（大部分的人都做不到）

為什麼薪水那麼低：因為要保護大家

當你一無所有，你就擁有一切。

當你擁有一切，你就一無所有。

原子筆

俗話說溫飽思淫慾，饑寒起盜心。

現在大部分人的薪水都是吃不飽餓不死，這就是為了讓大家都能安分守己，不要讓手邊的錢太多，多到做一些超出自己經濟能力以外的事情。

舉一些比較極端的例子：

大家常常聽到新聞報導：某某球星、明星退休後破產，或是某某人中頭獎後在短短幾年花光獎金並且欠下大筆債務，這就是因為他們運氣好或是時機對，突然獲得大筆的錢財，但他們投資理財的知識與常識不夠，在無意間買入了大量自以為資產的負債，導致債台高築，最後破產。

像是買入豪宅、跑車，雖然已經用現金付現了，但房子有房屋稅，跑車有燃料稅、保險之類的花費。

而平常的人最容易破產的原因是買入自住宅，現在房子隨便一戶1000萬，房貸動則每個月25000左右，如果以月薪4萬的上班族還可以勉強還得出來，所以人們就去貸款買房，但是房子貸款一繳就是30年，如果中間遇到經濟不景氣，被裁員或是減薪，可能就會還不出來，導致信用破產，或是為了還房貸只好硬著頭皮隨便找了一個薪水低時數高的工作，一路辛苦工作到65歲，最後剩下殘破衰老的身軀跟剛還完房貸的老屋陪你度過餘生。

但如果現在薪水改成10萬，那人們就會妄想自己買得起3000萬的房子，去貸款買房，每個月還款6萬，如果一樣遇到經濟不

景氣，被減薪或是裁員，那基本上就還不出房貸了，房子會直接被法拍，不僅房子沒了還欠下銀行一大筆債務。

　　經濟不景氣是不可避免的，每5至10年都會經濟循環，主要為天災或是人禍，天災可能是病毒大爆發、海嘯；人禍可能是操作失誤導致工廠爆炸、產業轉型與淘汰、公司負債太高宣布破產。

　　總而言之，不要因為手邊有多的錢，就大量購入負債，前面章節有提到過，先購入資產再買入負債，不然很容易就會掉入永無止盡的負債泥沼中。

農民、工人、醫生、房東、銀行家

就業前：三百六十行，行行出狀元。

就業後：三百六十行，行行被裁員。

原子筆

某一天，發生世界末日，地球上僅存的生還者只有5個人，因為衝擊太大導致大腦受到損傷，他們醒來時忘記了自己的名字，只記得自己以前的職業分別是農民、工人、醫生、房東、銀行家，他們為了生存下去，只能組成人類最後聯盟，並以相對應職業稱呼對方。

　　首先大家提出自己的能力方便以後分工合作。

　　農民說：「我的能力是狩獵跟種植。」

　　工人說：「我的能力是蓋房子跟修理東西。」

　　醫生說：「我的能力是醫好病人。」

　　房東說：「我的能力是收房租。」

　　銀行家說：「我的能力是放款收利息。」

　　大家輪流講完後，農民、工人、醫生異口同聲說：「傻眼！房東跟銀行家你們這兩個廢物一點用處都沒有。」

　　大家吵了一架，沒有人想做事，就這樣大家捱餓了一天。

　　第二天，銀行家跟大家說：「我昨天晚上遇到了神，神給了我一個金箱子，裡面有100顆小石頭，並說這些石頭能拯救我們。」

　　就此銀行家開始獎勵大家，一人先發10顆小石頭，如果大家有認真工作兩年就把剩下的50顆小石頭平分給大家。

　　於是大家開始認真工作，農民、工人、醫生、房東、銀行家一起種田、狩獵、蓋房子，很快地過了一年後，已經蓋出一間小

木屋暫時給大家撐著住。

　　這時房東跟銀行家說：「可以貸款120顆小石頭給我嗎？我想要蓋更多房子，然後每個月還你5顆小石頭，2年剛好可以還完。」

　　銀行家答應了，但因為沒有那麼多小石頭，於是銀行家就直接在房東的帳本寫上120顆小石頭並簽好合約，每個月銀行家的帳本要寫加5顆，房東的帳本要寫減5顆，並不需要動到真正的小石頭。

　　那天以後，銀行家不用做事，每個月就有5顆小石頭入帳。

　　房東拿出帳本給工人看，跟他說：「你看我有120顆小石頭，幫我蓋一棟5層樓的別墅，我每個月給你4顆小石頭是一定付得出來的。」工人欣然答應。

　　又過了一年後，小木屋已經坍塌不能住人，大家只好搬進剛蓋好的5層樓別墅，

　　因為大家都有認真工作，所以銀行家把剩下的石頭平分出去，分完小石頭後，大家只能各憑本事了。

　　農民靠幫大家維持食物來源，每個月跟每個人收1顆小石頭。

　　工人靠幫房東蓋房子，每個月收4顆小石頭。

　　醫生靠幫大家看病是神聖的工作，每個月可以從金箱子裡拿10顆小石頭。

房東靠收房租，每個月跟每個人收2顆小石頭。

銀行家靠收放款，每個月拿5顆小石頭。

表格如下：

職業	每月收入	每月支出	每月餘額
農民	賣菜 4顆	吃飯1顆 房租2顆	1顆
工人	蓋房子 4顆	吃飯1顆 房租2顆	1顆
醫生	醫病 10顆	吃飯1顆 房租2顆	7顆
房東	收房租 8顆	吃飯1顆 工人4顆 （貸款5顆）	負2顆（簿子裡有 120顆可以扣）
銀行家	收放款 5顆	吃飯1顆 房租2顆	2顆

又過了2年後，工人已經幫房東又蓋了一棟房子，而醫生也存了一筆錢，於是醫生向房東買新房子搬出去住，因為房價1000顆太高只能跟銀行家貸款，每個月要繳房貸6顆給銀行家。

銀行家把醫生的簿子改成1000顆，醫生跟房東買房子後，銀行家把醫生的簿子改成0顆，把房東的簿子改成增加1000顆，房

東拿到1000顆後又再請工人蓋更多更大的房子。

銀行家因為有新的收入來源也跟房東買了一棟新的房子，自己跟自己貸款，把房東簿子又加上1000顆，然後自己繳房貸6顆給自己。

表格如下：

職業	每月收入	每月支出	每月餘額
農民	賣菜 4顆	吃飯1顆 房租2顆	1顆
工人	蓋房子 4顆	吃飯1顆 房租2顆	1顆
醫生	醫病 10顆	吃飯1顆 房貸6顆	3顆
房東	收房租 6顆	吃飯1顆 工人4顆	1顆（簿子裡有2000顆）
銀行家	收放款 醫生6顆 自己6顆	吃飯1顆 房貸6顆	5顆

60年後5個元老級的無名英雄相繼死去，最後一個離開人間的是銀行家，銀行家在最後的餘生成立了一個機構傳承他的意志，而那個機構他取名叫做：

「For Escaping Destiny」

以上故事純屬虛構，如有雷同純屬巧合。

總結：

簡單來說，就是房東先向銀行家貸款，銀行家在房東簿子上寫上一筆錢。

房東每個月把錢分期還給銀行家，然後用一小部分的錢命令工人蓋房子，再以高價格兜售房子給大家賺取暴利。

一般民眾就只能繳房貸給銀行家，請銀行家幫忙跟房東買超高房價的房子，然而銀行家只是在房東簿子上寫一筆錢就算是已經付清了。

接著房東用簿子上的錢向銀行家貸款更多的錢出來蓋更多更貴的房子來兜售。

於是一般民眾就只能擠出更多的錢繳貸款。

然後銀行家又在房東的簿子寫上更大的金額。

接著房東向銀行家貸款更多的錢蓋更貴的房子來兜售。

於是一般民眾就只能擠出更多更多的錢繳貸款。

然後銀行家又在房東的簿子寫上更大更大的金額。

接著房東向銀行家貸款更多的錢蓋更貴的房子來兜售。

於是一般民眾就只能擠出更多更多的錢繳貸款。

然後銀行家又在房東的簿子寫上更大更大的金額。

接著房東向銀行家貸款更多的錢蓋更貴的房子來兜售。

所以房東跟銀行家的每個世世代代都會變得越來越有錢，而妳的兒子、孫子、曾孫子，只會繳越來越多的房貸變得越來越窮，此生不得好死，永世不得翻身。

所以，如果你以後要詛咒別人時，不要說：「我詛咒你此生不得好死，永世不得翻身。」

不如說：「我祝福你世世代代都買新房子自己住。」還比較有國文造詣！

金錢VS貨幣；
財富重置VS貧富差距

小孩：車車。

父親：喜歡嗎？

小孩：喜歡！

父親：爸爸買給你！

美國：戰車。

FED：喜歡嗎？

美國：喜歡，可是我錢不夠。

FED：爸爸印鈔票給你！

原子筆

貨幣本身其實已經沒有價值了，因為現代的貨幣不是金本位，真正有價值的東西，是你自己，3萬新臺幣等於可以買一個做到死的勞工。

　　大家都知道各國負債累累，不過不曉得大家有沒有想過一個問題。

　　今天先假設我跟銀行借錢，小明也跟銀行借錢，所以我跟小明都負債累累，因為我們都欠銀行很多錢。

　　但現在的狀況是：

　　臺灣負債累累、中國大陸負債累累、日本負債累累、美國負債累累……，全世界幾乎每一個國家都負債累累。

　　所以是欠誰錢？欠外星人錢？

　　下面這支影片有詳述金錢跟貨幣的本質

　　https://www.youtube.com/watch?v＝iFDe5kUUyT0

　　也可以搜尋關鍵字：

　　The Biggest Scam In The History Of Mankind - Hidden Secrets of Money Ep 4

　　貨幣系統的真相

　　我詳細整理了一下影片的內容（因為怕影片會被下架）

1.政府創造美化過的借據：

這些債券增加了國債，使民眾不得不還債。

2.交換借據來製造貨幣：

財政部把國債券賣給銀行，銀行接著轉身把我們的國債賣給FED賺錢，而這些銀行可能是其股東，FED接著打開裡面一毛錢都沒有的支票簿，把那借據（國債券）用他的借據（假支票）買下來，其中開出支票的帳戶裡一毛錢都沒有，然後FED再把假支票給銀行，貨幣就突然冒出來了，整個過程不斷重複，最後FED得到一堆國債券，財政部就得到一堆貨幣，全部都只是一堆數字的供應而已，接著財政部把這些「數字金錢」存在政府的各個部門裡。

3.政府將「數字金錢」用於各項承諾上：

像是公共事務、社會福利計畫以及戰爭……，然後政府公務員、承包商和士兵把錢存進銀行裡。

4.銀行透過部分準備借貸機制神奇的製造更多的憑空借據：

無限複製更多的「數字金錢」，銀行再偷取每個人一部分的存款再借貸出去，該筆貨幣再次被存入銀行，然後再次被偷取其

中一部分，整個過程便周而復始，用指數型的速度擴張貨幣的供應量，然後我們賺錢只為了得到那一點點「數字金錢」。

5.我們的「數字收入」還要被課稅：

我們繳稅給美國國家稅務局，該局再把「數字金錢」轉交給財政部，這樣財政部才能償還本金加上利息的國債券，然後FED再重來一次，用一毛錢都沒有的支票去購買這些債券。

6.舉債上限的幻想：

這個系統的設計本質上需要無限增加的債務，而且最終自取滅亡，因為政客總是互踢皮球不亦樂乎，他們只是想整個系統不要在其任內崩壞。

7.祕密的幕後老闆賺爽爽吃到飽：

世界最大的銀行掌握了FED，那些銀行銷售國債，透過FED海撈無限筆，當FED支付其準備金的利息時，銀行就會得到利潤，然後FED根據這些銀行對FED的所有權，而支付6％的股息。

這個系統本質上是邪惡的，它將財富從勞動人口點點滴滴都注入政府跟銀行的血管裡，這就是現代經濟學中虛偽的人造繁榮和衰退的主因，並造成極大的貧富差距，只因為我們用的不是真正的錢，而是貨幣。

此影片的作者覺得這個系統是邪惡的，但我覺得不然，此系統本身並不邪惡，它讓全世界的科技、人口、土地……快速發展，只是到近幾年來被貪婪的人們利用了，是那些邪惡的人利用這個厲害的「古代兵器」操弄著現代人，讓現代人貧富差距加劇，變成大奴隸時代，唯一的解法就是：

　　讓全世界的人知道什麼才是真正的錢？

　　什麼才是真正有價值的東西？

　　而不要被貨幣操弄迷惑了！

　　貨幣只不過是法定的一張紙而已，舉臺灣的舊臺幣為例，先快速描述當年歷史的大綱，後面會再詳述詳細的歷史，舊臺幣是中華民國行政院在1946年授權委託臺灣銀行在臺灣發行的鈔券，當年命名為「臺幣兌換券」也就是當年的新臺幣，而把更早在日治時期就發行的「臺灣銀行券」命名為「舊臺幣」，後來在1949年6月15日又發行了新貨幣「新臺幣」，所以把原來的新臺幣改名為「舊臺幣」。

　　而在法律、政策還未定型時，臺灣銀行在1946年5月22日已經開始發行舊臺幣，一開始的面額分為1元、5元、10元的鈔券，很快地在9月1日發行了50元與100元的鈔券。

　　後來因為戰爭導致物價波動，在極短的時間增加了很大的面額，發行了500元、1000元甚至到1萬元的鈔券，最誇張的在後

面，當年雖然還未發行，但也已經開始印製了100萬元的鈔券，後來在經歷幣制改革後，以4萬比1的方式收回舊臺幣，發行新臺幣。

其中比較詳細的歷史如下：

1945年8月15日日本投降時，中華民國政府原本的政策是先停止臺灣銀行券的流通，而且規定中國大陸流通的法幣也不能在臺灣流通，後來再由中央銀行在臺灣設立分行，發行「中央銀行臺灣流通券」當作過渡時期的貨幣，但臺灣省行政長官公署在1945年10月25日正式運作後，建議暫時繼續讓「臺灣銀行券」流通，後來在中央政府研討後，決定中止「中央銀行臺灣流通券」的計畫，已經印好準備運到臺灣發行的「中央銀行臺灣流通券」只好作廢。

可怕的是在10月25日，國民政府接收臺灣時，「臺灣銀行券」發行的總額竟然已經膨脹到快29億之多，短短不到2個多月的時間就暴增了大約15億元，這比照日本投降時的銀行券發行額，足足有1.07倍之多（題外話，前臺灣總督府主計課長——鹽見俊二有在他自己私人的日記裡提到過，戰爭結束後，他於8/30搭乘載滿大藏省日本銀行紙幣的飛機來臺灣，所以推斷可能這多出來的貨幣就是他從日本直接空運而來）。

1946年5月20日，日本的株式會社臺灣銀行正式重新整合成

臺灣銀行，而後在5月22日開始發行印製「舊臺幣」，也就是當年名為「臺幣兌換券」的貨幣。

但其實真正有法律效力是在6月15日，行政院才正式核准授權給臺灣印行印製舊臺幣，舊臺幣一開始的面額有1元、5元、10元，用「臺灣銀行券」以1比1的匯率兌換，並由中央印製廠（上海印廠）印製完成後，再分批運來臺灣銀行發行，貨幣的正反面圖案分別為，正面：臺灣、國父孫中山像和臺灣銀行，反面中央：鄭成功與荷蘭海戰圖（圖案是由臺灣省行政長官公署決策），並於9月至11月發行50元和100元面額後，完成「臺灣銀行券」兌換「舊臺幣」的作業，此後「臺灣銀行券」才正式走入歷史。

1948年，國共戰爭、上海爆發金融危機，所以國民政府大量打印貨幣來取得臺灣的物資，蔗糖、米……之類的，導致惡性通膨爆發，舊臺幣對法幣的匯率，由原本的1比30，急速貶值到1比1635，當年誇張的物價如下：每100斤的米要價160萬元至170萬元，肉每斤要價7萬5千元，鴨蛋每顆5千元。為了解決惡性通膨，又推出了新貨幣：金元券，在此之前，舊臺幣的面額已經發行到1萬、10萬、100萬的誇張數字。

1948年8月19日，中央政府執行「金元券發行辦法」，於8月23日，行政院規定舊臺幣以1835元兌換金元券1元，雖然有使

金融活動平靜幾天，但因戰局逆轉，又開始大量印製金元券來購買儲備物資和軍糧，導致金元券的貶值速度更超越了舊臺幣，在1949年5月27日，舊臺幣比金元券的匯率來到了1比2000，短短不到一年就幾乎變成了壁紙。

在中央政府信用衰落後，為了要穩定民生，又進行了一次貨幣改革，臺灣省政府在1949年6月15日公布〈臺灣省幣制改革方案〉與〈新臺幣發行辦法〉，主要內容如下：

1. 聽命於中央指示的臺灣銀行發行新臺幣總額2億元（折合美金4000萬元）。
2. 新臺幣以「美金」當作匯率計算的單位。
3. 新臺幣對美金的匯率以新臺幣5元比美金1元。
4. 新臺幣對舊臺幣折合率定為：舊臺幣4萬元折合新臺幣1元。

而後舊臺幣在1950年1月14日正式停止流通走入歷史。

其實在每次金融危機或是改朝換代時，或多或少都會發行新的貨幣，而乍看之下舊臺幣4萬換新臺幣1元好像很虧，貨幣貶值了很多，但其實在兌換的當下並不是主要虧損點，因為當時的4萬舊臺幣跟1元新臺幣可以買的東西是一樣多的，真正貶值的時間是舊臺幣發行到下市的這段日子。

舊臺幣：金元券	
1948/8/23	1835：1
1949/5/27	1：2000 1835：3670000

從表格中可以發現如果持有著1835舊臺幣不去兌換，從1948/8/23一直到1949/5/27，就可以讓1金元券變成3670000金元券，表面上好像變大富翁了，躺著就從1元變成3670000元，但事實上能買入的東西是一樣多的，所以不是變有錢，而是新錢貶值了！

所以有一些投機者，會在貨幣貶值到極限要發行新貨幣時，把貨幣兌換成黃金之類的古代貨幣，等到舊貨幣變成壁紙，古代貨幣價值連城時，再把古代貨幣兌換成新貨幣。

但是時代在變，我覺得未來一定會有新的而且可以保值的貨幣取代美元、黃金、白銀，那就是以區塊鏈為基礎的虛擬貨幣，這種貨幣不為任何人類所有，去中心化，貨幣數量有一定的上限，真正的錢就會誕生。

你永遠無法長期持有超過你認知範圍的錢。

舉個例子：

就算運氣很好，中樂透頭獎或是獲得遺產，一般人馬上就會買入高級跑車或是豪宅，但幾年後卻把錢花完而付不出稅、保險、管理費……，導致財產被查封或是法拍，這筆財富就這樣灰飛煙滅了，最後恢復成原來那個窮困的你。

所以就算財富均分或是重置，窮人跟富人也會在幾年內恢復成原來的財務狀況，

因為財務狀況是跟腦中的知識有關，錢的多寡只是時間的問題，這個世界上錢的貧富差距只是表面上的結果，其背後真正的原因是知識的貧富差距。

窮人VS富人

買入價值會變得越來越低的東西就會越來越貧窮

原子筆

大家先來連連看，後面會有詳細說明。

股票·

父母·

孩子·   ·資產

房屋·

汽車·   ·負債

訂閱Netflix·

Nintendo Switch·

學了那麼多知識，應該可以做一個小小的結論了。

前面幾章有說過資產跟負債影響著窮人跟富人，也有提到正能量跟負能量，但其實我真正要表達的是價值。

窮人跟富人最大的差別如下：

微不平凡

窮人：拿現在有價值的東西去兌換成未來沒有價值的東西。

富人：拿未來沒有價值的東西去兌換成未來有價值的東西。

舉例：

當下最有價值的東西是什麼？

就是我們本身。

窮人會不停的花生命工作去兌換成貨幣，一部分貨幣存在銀行慢慢貶值，另一部分貨幣拿去買車、買房自己用，房子、車子都會老舊變得沒價值。

富人則是花生命工作去兌換成貨幣，再用貨幣購入房子出租、開公司、投資之類的。

所以貨幣在富人眼中只是種兌換的工具而已，富人深知在未來會慢慢變得沒價值的東西就是：衰老的肉體、通膨的貨幣和折舊的物品。

剛剛的連連看，或許大家會很氣憤，為什麼要把孩子跟父母用錢來衡量呢？

但是很抱歉，現實就是如此，如果對於錢避而不談，那永遠也無法解決問題。

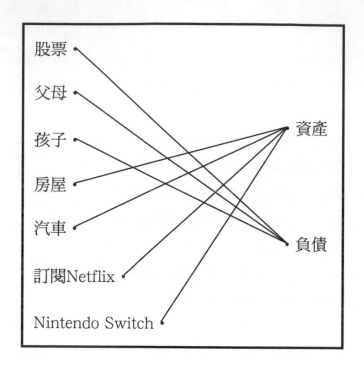

這是大部分的人也是窮人的圖。

父母退休或是臥病在床需要生活費。

孩子小時候買玩具、讀書，長大不去上班需要支付生活費。

父母說過股票是騙人的不要碰。

買了房子、車子扛貸款。

訂閱一些產品每個月自動扣款。

生活壓力大靠網購消費或是買遊戲玩來紓壓。

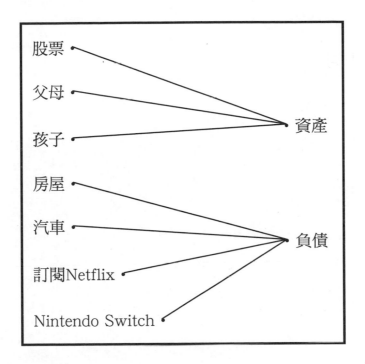

這是富人的圖。

父母自己有退休規劃不用付生活費給他們，而且是一輩子的導師，教導下一代如何變富有。

孩子經濟獨立，有能力繼承家業或是有自己的事業。

任何投資只要在自己能承擔的風險都願意嘗試：股票、房地產……。

自住房子、自用汽車、訂閱、娛樂……，視為負債，所以盡可能的減少花費，等存夠資產才會提高負債的花費。

微專業、微摸魚、重職業

civil servant：公務員

civil：民用的

servant：僕人

原子筆

微專業：

現在人類文化趨勢慢慢走向更多元通訊更爆炸的時代。

看一下YouTube就能學習如何種花、怎麼安排旅遊、了解各國民情、有哪些美食餐廳……。（但常常自己去嘗試後都不如預期，因為都是業配影片）

查一下Google就知道完整的歷史事件、身體出現這個症狀自己生了什麼病。（但每次動不動就是得癌症，因為重大疾病會提高點擊次數，使得癌症的搜尋排名比較前面）

點一下Amazon等個幾天，想要的商品就會送到手上。（但有時候產品卻跟網路上的評價差很多，因為評價可以用買的）

這個世界好像越來越不太需要專業人士，我們要學習的方向慢慢在改變，不是要記住所有的知識，而是要知道這種專業知識去哪裡查得到。

微摸魚：

多關注於自己的事業，像是我大學時期在補習班打工，補習班開店開鐵捲門、印表機的故障排除、倒垃圾、發傳單、擦黑板、上台教課、課後輔導、每天關店關鐵捲門……都是我一手包辦，我的薪水只有19K，當時我就在想憑什麼事情都是我在做，錢都是你在賺，我深思以後發現我跟老闆的差異有兩個：錢和能力。

老闆有錢所以能創業，這些雜事都是老闆以前剛創業時，他自己一手包辦的，所以我開始改變心態著重於一個問題，就是要怎麼經營補習班？

我開始做事都只用5成功力，微摸魚，把另外的精神放在觀察老闆如何跟學生和家長溝通、他做事的細節，但這個前提是補習班是老闆白手起家創業的，如果你的老闆是富二代接手補習班請直接離職比較快，因為跟著他學習不到任何東西。

其他職業也是一樣，如果是工程師，也可以微摸魚，不要把那麼多心思放在自己要解決的案子上，可以多觀察老闆是怎麼接到這份案子、公司的裝潢、人事是怎麼安排的，盡可能的多學習跟觀察，以後如果要轉職或是自己創業，這些日積月累的經歷不容小覷。

重職業：

就如前面所提的微專業，當現代人類都變得有很多種專業時，只擁有單一專業的人就會越來越劣勢最後被淘汰，像是如果醫生+主持人、上班族+YouTuber、工程師+部落客……，這些職業結合就能帶來可觀的收入，因為收入跟流量有關，你的多重職業越特別，就能吸引越多的觀眾、信徒、客人、讀者……。

觀看次數、流量＝錢

所以不一定要把興趣跟工作結合，現代人越來越多下班後的副業賺的比正職還多，因為他們原有的專業提供了他們的公信力，專業跟興趣的反差萌反而能為自己的事業加分。

未來世界

　　誰擁有過去，誰就擁有未來！

原子筆

人類滅亡前：

未來主要分成兩條路：

第一條路是會出現真正的虛擬貨幣，它不為任何人所有，去中心化，有一定的貨幣數量上限，永久保值，但當權者基本上不會讓它發生，不然財富就會重分，例如：比特幣。

比特幣被拿來走私交易商品、炒作幣值、媒體抹黑……。

所以99.99％的機率會走上第二條路，那就是中央發行世界級的虛擬貨幣。

第二條路：中央發行世界級的虛擬貨幣，全世界以後不再有任何實質上的貨幣，都存在於雲端、手機中，歷史會被竄改，把虛擬貨幣定義為錢，類似現在的鈔票、硬幣，這些貨幣無法保值，任人操作，利用虛擬貨幣就能操控全世界的人類，讓大家一出生就會擁有很多「福利」（其實是貸款）。

福利就是終身吃到飽、終身有房子住之類的。

終身福利是我發明的詞。

在現代人類史上可能還沒被發明出來，是我自己精算推理出來的。

終身福利：每個人一出生就強制擁有這些福利，而且一輩子都擁有，直到老死。

未來人類一出生就會擁有一個專屬的電子錢包，拿來線上支付政府給的福利方案，每個月都會自動扣款，直到老死為止。

我舉其中三個福利來說明：食租、房租、車租。

每個福利都會依照年齡改變方案，當然也可以自己設定調整。

我精算了一下如下表：

年齡 ＼ 福利	食租	房租	車租
0～15歲	3000元／月	6000元／月	1000元／月
15～30歲	6000元／月	9000元／月	2000元／月
30～45歲	9000元／月	12000元／月	3000元／月
45～60歲	6000元／月	9000元／月	2000元／月
60～75歲	3000元／月	6000元／月	1000元／月

食租：每個餐廳或是食材是吃到飽，但是浪費食物會被罰款，世界任何角落都會有攝影機，所以逃不過世界政府的眼睛。

房租：以後無法買房子，全世界的房子都只能用租的。

車租：交通工具無法購買，全世界的交通工具隨時都會被政府扣押。

簡單描述一下未來人的一生：

嬰兒一出生，就會擁有一個專屬的電子錢包，但因為沒有收入，所以只能先貸款來支付食租、房租、車租之類的福利，如果父母薪資不錯當然也可以幫忙償還。

15歲以上，開始半工半讀，然後一路上到大學都是不用升學考試的，是從幼稚園到研究所的18年義務教育（強制就學背就學貸款），大家學好自己有興趣的專長，一畢業就能進入職場發揮所長，並且開始當一輩子的雇員直到退休。

30歲，經濟壓力最大的時候，有家庭要照顧還有社會福利收費提高，大家只能不停的加班。

45歲以後開始想像著以後退休後要做什麼夢想，並教導孩子要認真讀大學，以後才能找到一份高薪的工作。

60歲，含飴弄孫，跟自己的孩子一起償還孫子的福利費用，還不忘跟孫子描述這個世界有多美好、有多幸福，一出生就能有那麼多福利，只要認真上班到法定年齡退休就可以不愁吃穿。

一代傳一代，大部分的人都習以為常，當有人覺得體制很邪惡而去翻閱歷史時，發現這些終身福利是上帝給的恩賜，人類已經優游自在活了上千年了，這個體制是完美的。

因為歷史已經被既得利益者竄改，他們一輩子不用上班，不愁吃穿，源自於下面有無數的奴隸幫忙扮演工人、老師、醫生、工程師、總統……。

既得利益者只需要學習怎麼管理好跟改善這套體制就可以了，所以，誰擁有過去，誰就擁有未來！

人類滅亡後：

　　人類跟其他動物不太一樣，有無限的慾望，我們的意識很像是一種病毒，地球之所以環境越來越差，就是因為被人類這種病毒型動物入侵，未來世界人類的科技會高速發展，AI機器人取代貪婪的人類，如果人類再肆無忌憚的消耗地球上的資源，總有一天地球環境會惡劣到沒有任何一個物種可以生存，只有機器人可以存活下來。

矛盾

斜槓青年	漫步華爾街	富爸爸，窮爸爸
大賣空	微不平凡	有錢人想的和你不一樣
祕密	彼得林區	一個投機者的告白

以上這些書大家一定至少讀過一本，

為什麼我哪麼篤定呢？

因為其中一本是《微不平凡》。

好了，我不要搞笑了，開始講認真的：

既然大家都飽讀詩書，

閱讀過的內容有投資、理財、人生、事業……，

各個領域的書都讀過了，那為什麼現在人生還是跟以前一樣沒

什麼改變，一事無成、生活渾渾噩噩，

那是因為大家都沒有把書讀懂，或是去實踐，

買回來的書不外乎就是排隊擺上書架變裝飾品，

借來的書看完以後好像人生有了希望，

但手機一拿起來剛剛讀的東西就拋在九霄雲外了！

所以我要打破傳統，讓我的書跟別人不一樣，

我的書至少要翻讀個20年才會變裝飾品，

而且絕對能改變、反轉大家的命運！

如果讀到這裡有發現一個矛盾，那就代表你真的有看懂這本書，給大家思考個幾分鐘。

提示：

讀完這本書的人如果真的都會變得微不平凡，那……

公布答案：

如果每個人讀完我的書，都變得微不平凡，

那每個人不就都不特別了？

這不用擔心，因為根據我的觀察，現代人大部分腦波都很弱、沒有獨立思考的能力，大部分的人不讀書，就算讀了也沒讀懂，讀懂了也不會去行動改變現狀，改變現狀失敗就放棄，也不會修正跟改進檢討。

我有很多朋友他們也是買了很多投資理財的書籍，《富爸爸，窮爸爸》、《斜槓青年》、《有錢人想的和你不一樣》……之類的。

但他們看完後每天還是討論著什麼東西有折扣，下個月要出國去哪裡玩，問我一個月存1000元算多不多。

　　這就是為什麼現代人雖然網路科技發達，隨便上網搜尋都能查到很多投資理財的影片、文章或書籍，但現代人大部分還是不會投資理財而貧窮的原因。

　　總而言之，想要成功，想要微不平凡，想要過自己想過的人生其實真的很簡單，把我寫的這本書看懂，並且去實踐，成功就離你不遠了。

　　大家可能有聽過一句話：複製學習別人的方法並不會成功。

　　這是因為他們的成功是天時地利人和，現代世代環境變化很快，只是單純模仿學習並不會成功，但我覺得後面還要加一句，「但也離成功不遠了！」會更完美。

　　雖然複製學習別人的方法並不會成功，但也離成功不遠了！

　　大家要根據目前時代的變遷，把我寫的書用自己的方法去實踐去改良，唯有不變才能應萬變，不變的就是一直不斷學習的初心。

　　我把很多表格放在最後面提供大家翻閱和完成，希望大家能夠跟上我的腳步，覺得微不平凡！

未來展望

不管夢想最終有沒有成真，至少不枉此生。

原子 筆

總有一天，人類會意識到，黃金、白銀、美元其實一文不值，真正有價值的東西，是你自己，人類本身才是最有價值的東西，所以要成為有價值的人。

　　想要什麼都可以，靠自己的雙手去爭取，說出來話任何一句話裡都不能提到其他人，只能提到我，不然只會被大家鄙視，而且永遠也不會成功。

　　舉例：

　　我要買房子，所以我要怎麼努力？

　　VS

　　我要買房子，所以我要跟父母要錢。

　　現在所經歷的一切都是在為過去自己的選擇在買單，相對的，未來會發生的一切，都是跟現在自己選擇做的事情有因果關係。

　　所以不妨問問自己，你快樂嗎？

　　現在的生活是你想要過的嗎？

　　如果不是那就去改變吧！

　　有什麼夢想就好好規劃並去實踐。

　　人生只有　次，不要在十八歲去做八十歲也能做的事情，例如：每天滑手機、追劇、玩遊戲、刷動態、打屁聊天。娛樂適可

而止就好，那些東西只會讓你越來越迷失方向，唯有一步一步去規劃並實踐夢想，才會活得越來越有意義，人生有了方向並規劃開始前進，不管夢想最終有沒有成真，至少不枉此生。

財務知識是現代人的必修學分，人類跟其他動物一開始一樣，需要最基本的呼吸、進食、睡覺……之類的，但為了得到更美味的食物、更強烈的刺激、更舒適的家，人類開始分工去大自然搜集一些資源來加工，變成現在大家熟知的床、手機、異國料理……之類的。

現代人之所以要上班就是因為，要用生命去換成貨幣，再用貨幣換成物資，這就是人類跟動物基本上的區別了，但人類的慾望是無限的，地球的資源是有限的，所以有人想要過更奢華的生活，勢必有人得過更貧窮的生活，這就是貧富差距的由來。

表面上是擁有的錢有差距，實際上是思維、教育程度、人格特質有差距，所以貧富差距是渾然天成的。

你願意越來越窮、願意不學習每天滑手機打電動、願意渾渾噩噩過一生，那你就註定當一個窮人，富人比你還努力好幾萬倍這是不爭的事實，有沒有錢只是結果，這幾十年來的過程大家心知肚明。

富有的人早在20年前就在努力學習、努力改變現狀。

貧窮的人早在20年前就在鬼混，每天渾渾噩噩不喜歡學習。

20年前大家都是一樣的窮學生，但是20年後，其中一個人變成每天加班但月薪不到4萬的上班族，還時時刻刻擔心哪天會被裁員，而另一個人變成能夠呼風喚雨的大企業家老闆。

　　這時窮人才在那邊呼天搶地的說貧富差距要解決，真正的問題其實是出自於窮人自己，你自己不努力，一直混日子當然貧窮，那些富有的人已經用生命努力了至少十來年，所以對於貧窮的人跟富有的人。

　　那些錢、物資、生活水平都是他們自己造就的。

　　可憐之人必有可恨之處，可恨之人必有可悲之苦！

人類金字塔

Archimedes：Give me a place to stand on, and I will move the Earth.

阿基米德：給我一個支點，我就能移動地球。

Atom：Give me an opportunity to print currency, and I will dominate the Earth.

Atom：給我印貨幣的機會，我就能統治地球。

原子筆

	賺錢方式	營運方式	成員
？	印鈔票	請財團印貨幣 再拿印出來的貨幣 請財團幫忙奪取資產	秘密組織或是家族
財團	金融作業： 放款、股票、房地產…	奪取政府或是奴隸的 公司、土地、財富… 再分潤給上層的人	金控：人壽、保險 銀行、證券行…
政府	課稅	配合財團 寫法律、決策、課稅…	總統、立法委員 鄉長、市長…
奴隸人民	上班	每天花8個小時以上的生命賺貨幣 持續工作到65歲以上 得到政府點頭才能退休	工人、老師、警察 醫生、工程師 公務人員…

如表中內容所示。

奴隸人民：

我們大部分的人、你我他周遭的朋友、大家腦中認知的工作，工人、老師、警察、工程師、公務人員，其實都是在最底層，也就是奴隸階級，而判斷自己的階級是不是奴隸階級，最容易分辨的方法就是：

你的工作年限，是要一直工作到政府規範的法定年齡才能退休嗎？

如果是，那你的層級就一定是奴隸階層！

奴隸階級的收入來源為老闆發薪水，老闆可能是政府或是財團，大家每天的日常就是上班打卡開始摸魚等下班，下班睡覺等下個月發薪水，休息日約同事或是朋友出來一起罵老闆小氣不加薪，日復一日，直到法定年齡退休為止。

政府：

主要收入是課稅，向奴隸人民徵稅，然後再給薪，這個層級的主要特徵是：工作內容跟賺錢獲益完全沒有關係，負責制定法律、決策、開會，來管理好奴隸人民。

主要核心業務是聽從上層的命令，去安撫奴隸人民的心，讓奴隸人民乖乖的繳稅。

財團：

主要收入方法是用錢生錢。

這個層級的主要特徵是：無時無刻都在討論著跟錢有關的東西，例如：房地產、股票、基金、期貨、信用貸款、房貸、車貸⋯⋯。

特有的權力是可以用一些神奇的手段（部分準備借貸機制），空手套白狼，無止盡的生出數字型式的虛擬貨幣，來吸乾政府、奴隸人民的財富。

舉幾個例子：

第一種：

FED讓美國負債累累，因為美國政府一直跟FED借錢，FED利用升息跟降息來製造金融海嘯，先降息讓泡泡不斷吹大，再升息讓泡泡破掉，目前依照歷史來看每隔10年會使用一次這種伎倆，所以金融海嘯其實是人為的。

第二種：

證券商發行各種投資理財商品，販售給無知的奴隸人民，一開始是販賣股票，慢慢的股票價格越來越高，散戶買不起後，就研發出ETF讓散戶也買得起，直到股價的最高點後，倒貨給散戶，讓股價、ETF都人跌，把散戶套在最高點。

第三種：

買入房地產再炒高賣給散戶，建商蓋一戶假設成本為200萬，用400萬出售，被投機者A買過去，再以600萬賣出，又被投機者B以800萬買去，最後以1000萬賣給奴隸人民，最後建商、投機者A、投機者B都賺了200萬。

？？？：

最高層級？？？，推測一開始應該是某個祕密組織或是家族所組成，後來各國相繼模仿他們成功的模式，現代可能為財團的大股東、董事之類的，跟財團的身分密不可分亦或是同一夥人。

主要收入方法是自己製造出錢。

這個層級的主要特徵是：擁有很多的資產，如：房地產、股票、債券……。

他們衣食無缺，人生的目標就是經營好家族傳承下來的事業，學習好怎麼統治管理財團。

心靈雞湯

　　不聽老人言，吃虧在眼前。

　　不忘原子筆，此生已足矣。

　　　　　　　　　　　　　原子筆

以下是我想勉勵跟分享給大家的一些詞句、故事：

世界上最厲害的東西不是錢不是複利，是教育。

貧窮限制了你的想像。

必要、需要、想要：

我在Line的對話框把必要、需要、想要都列出來，然後設公告，接著先購入必要，再買入需要，最後再買想要。

舉例：

眼鏡斷了，沒眼鏡就看不到路，眼鏡就是「必要」。

二手機車一直拋錨要不斷花錢修理，勉強可以騎但買新車會更好，新機車就是「需要」。

新的遊戲片上市了，但沒買也不會發生什麼事，新款遊戲片就是「想要」。

養成習慣：

最難的不是改變而是堅持，所以可以用改變習慣來讓自己堅持做一件事。

例如：我想寫一本書，但是每天上班很累，有時候隔好幾個星期才寫小段，後來我就強迫自己每天至少要寫一句話，1天、2

天、1週就習慣了，每天都會習慣性地寫下一句話，日積月累不到2年我的書就完稿了。

枕頭檢討法：

每天起床或是睡前都可以好好思考人生，想一想今天做了什麼事，哪些還需要改進，現在的生活是我想要的嗎？

我覺得人都會經過4個階段：
無知的痛恨、無知的感恩、開竅的痛恨、開竅的感恩。

1.無知的痛恨

小朋友小嬰兒階段，不舒服就哭，什麼都不知道，只知道不舒服就討厭大家。

2.無知的感恩

小朋友受了一點教育，被告知要說謝謝、請、對不起，但不知道為什麼要感恩，只知道要跟大人一樣學著說謝謝。

3.開竅的痛恨

有自我意識了，發現世界不公平，痛恨大家，例如工作上或是家庭不公平。

4.開竅的感恩

有自我意識後，去思考為什麼會不公平，自我反省，發現管好自己就好，其他人對自己付出過就感恩他們，不公平也無所謂，自立自足不倚靠他人。

怎樣才算是父母教育成功？

當孩子經濟獨立後還願意稱呼你一聲爸媽。

怎樣才算是老師教育成功？

當學生已經畢業後還願意稱呼你一聲老師。

窮人跟富人最大的差別，其實並不是擁有錢的多寡，而是他們的思維，就算窮人中樂透，沒過幾年窮人就會用窮思維把錢花得一毛不剩。

就算富人投資失敗，沒過幾年富人就會用富思維東山再起。

窮人跟富人因為思維不同，所以看到的東西不一樣。

（題外話）我自己也感同身受，教數學10多年的經驗，我發現我可以看到一般人看不到的東西，學生數學有疑問，我會反問他一些問題，然後就知道學生是哪些先備知識沒有學好，我就會挪出個幾分鐘幫孩子複習，讓孩子把以前沒學好甚至沒學過的補好。

微不平凡 / 140

這樣才能真正了解數學，而不是像很多老師都只會打罵，逼孩子去死背，其實這也不能怪他們，因為只有極少數優秀的老師，才能看到別人看不到的東西，進而引導孩子說出哪些知識沒學好再來補強。

其實股票要賺錢的唯一方法就是買低賣高，那為什麼常常聽到有人把股票分成很多種類？買低賣高股、高殖利率股、投機股、牛皮股，因為要騙股市新手，讓他們有選擇過後的感覺，但事實上新手進場後都只會變成好吃的韭菜。

不要吝嗇教育其他人，今天你一個無心的舉動或是鼓勵，可能會改變別人的一生。

道理每個人都會說，但不是每個人都會做。

股票有可能是下一個房地產，投資報酬率很低，殖利率變很低，股價變很高，跟2009～2019年的房價類似，要很久才能回本。

現在你會想說那些成功的人士10年前買房，現在出租房子，如果我早個10年出生我也會成功，但別忘了10年前定存利率高達10多％，但他們卻選擇投資風險比較高的房地產，這就是他們成

功的地方。

象棋下贏表示能力夠了，下輸了表示成熟了。

我從小就喜歡下象棋，國小還因為下贏我的導師而被導師懷恨在心，因為當年那位導師象棋蠻強的，所以跟大家說下贏我的就請他喝100杯阿薩姆奶茶，他想說大家都是小學生根本不可能下贏，我也是對弈了2年，在家跟父親對弈，去學校跟導師、同學對弈，才在畢業前，終於贏了老師一場，後來也不了了之沒有請我喝100杯阿薩姆奶茶。

國高中後有空也還是會跟我父親對弈，我的勝率大概30％，但我贏幾乎都是因為我爸下班太累打瞌睡所以輸給我。

後來出社會後，離鄉背井，回家才偶爾會跟父親下棋，但父親棋藝已經大幅下降，所以我幾乎每一場都贏，而且常常是剃光頭的那種結局。

直到有一天，我突然意識到我的父母真的變老了，從那天後，我跟父親下棋，就會故意放水讓子，讓父親跟我的棋局難分軒輊，甚是故意輸個幾場，逗父親開心，因為現在我已經不著重於象棋的輸贏，而是下棋時的陪伴。

國家要亡，必先炒房。
全民炒房，國家必亡。

所以中國大陸要占領臺灣非常容易，不需要動用武力，只需要從旁操作，讓臺灣房價狂飆，臺灣人自然自我毀滅，當一個國家每個人都在討論房地產討論股票時，那離滅國也不遠了，真正強盛的國家，應該是每個人發揮所長，把自己的興趣、專長結合職業，例如醫生、老師、工人、警察、服務業。

　　醫生：

　　對醫學有興趣且能夠完成醫學學業並對治療好病人有崇高的理想之人。

　　老師：

　　有教無類、因材施教，對教育有興趣且能夠完成教育學分並對教導每個學生有崇高理想之人。

　　工人：

　　刻苦耐勞、體魄強健，對於完成各種大大小小的建築、勞力活有熱忱之人。

　　每一分錢都是別人花生命去工作去賭博去投資去冒險得到的，所以不要拿別人的錢，拿別人的錢等於拿了別人的命，哪一天他們也會拿了你的命。

　　之前我阿公還在世的時候，回鄉下探望他，阿公都會跟我說：「阿公太老了，快死了花不到那麼多錢。」然後就會從口袋拿出好幾千元給我。

我一開始跟阿公說：「我有在上班，阿公自己留著花。」

但我阿公脾氣比較差，如果不拿他會生氣，所以我只好收下。

過了5分鐘，阿公因為有老人癡呆症，忘了有給過我錢，於是又說了一樣的話然後塞錢給我。

這時我就從口袋拿出剛剛阿公給的錢，跟阿公說：「你給過了，你忘記了啦！」

阿公就笑笑說：「啊呀！我太老了忘了，那要好好收好拿去買東西吃歐！」

所以從那天起，後來每次去看阿公之前，我都會先在口袋放個幾千元，當阿公要塞錢時，就跟他說阿公你給過了。

我會出這本書也有很大一部分的原因是跟阿公有關，我阿公是校長，我媽媽那邊的家族是老師世家，很多親戚都是當老師（箭瑛大橋，其中的鄧玉瑛老師就是我阿公的妹妹的女兒）。

我身體裡流著教學的血脈，手裡拿著名為老師的衣缽，前面也有提到過我從事教育也行之有年，自從我阿公過世後，我開始領悟到一些事情，只要是人類就會死亡，不管你生前做過多少善事、幫助過多少人，只要是生命就會走到終點，教學理念的傳授就會出現斷點，無法再繼續教育大家，所以我想到一個方法，讓我在過世後還能繼續教育大家、幫助大家，那就是出這本書《微不平凡》。

財富變多的期望值，照理說股票不是漲就是跌，機率應該是 1/2，那如果連續投資10次都成功的機率就會是 $1/2^{10} = 1/1024$

臺灣開戶數大約1000萬戶，那應該會有1000萬/1024，大約等於100萬個股神才對，那為什麼沒有發生呢？因為大部分的人都是從眾、羊群而已，所以要有獨立思考的能力才會投資理財成功。

每個人都知道股票要大跌了，但真正相信的人很少，脫手股票的人微乎其微，大家寧願催眠自己不會大跌，也不願意去相信，寧可等到股票真的大跌才呼天搶地，這就是人性。

類似，如果自己的孩子已經變壞走偏，大部分的父母雖然已經知道，但他們還是不願意去相信，等到孩子真的做出重大錯誤，犯下殺人或是其他公共危險罪，父母才呼天搶地說：「我兒子、女兒很乖呀！平常也沒什麼異樣，我也不知道為什麼他會鑄下大錯，可能是朋友帶壞他的吧！」但實際上只是他們不想去承認自己的教育失敗而已。

人類沒有分社會階層，因為你跟你接觸、認識的人都在同一層，那就是最底層，當然不知道有其他層

回饋大家，獻上我精心製作的一系列實用的精算表，歡迎下載並儲存到自己的手機、電腦或是雲端硬碟，可以比較方便修改成自己的精算表。

https://atomatomatom.com/

　　很貼心幫大家做了一個空白的表格，填寫方法很簡單：

1. 先填入活負債、死負債、活資產、死資產的名稱跟數字。
2. 把活負債、死負債加總填到最左上角總負債。
3. 把活資產、死資產加總填到最右上角總資產。
4. 把總資產減掉總負債填入資產負債總和就大功告成。

			西元　　　年		
活資產（每個月）	薪水	＿＿＿＿＿＿元	活負債（每個月）	伙食費	＿＿＿＿＿＿元
		＿＿＿＿＿＿元			＿＿＿＿＿＿元
		＿＿＿＿＿＿元			＿＿＿＿＿＿元
		＿＿＿＿＿＿元			＿＿＿＿＿＿元
		＿＿＿＿＿＿元			＿＿＿＿＿＿元
死資產（一次性）	加班費	＿＿＿＿＿＿元	死負債（一次性）	網購團購	＿＿＿＿＿＿元
		＿＿＿＿＿＿元			＿＿＿＿＿＿元
		＿＿＿＿＿＿元			＿＿＿＿＿＿元
		＿＿＿＿＿＿元			＿＿＿＿＿＿元
		＿＿＿＿＿＿元			＿＿＿＿＿＿元
總收入＿＿＿＿＿＿元			總支出＿＿＿＿＿＿元		

總收入−總支出＝月現金流：　　　　＿＿＿　　　　＝

另一半已存的錢(萬)	自己已存的錢(萬)
100	120
距離結婚(年)	
1.666666667	

已存的錢(萬)	距離結婚(年)
100	11.67

另一半目前的能力						
已存的錢(萬)	距離結婚(年)	目標現金流(萬)	殖利率	需要的總資產(萬)	每個月存的錢(萬)	存多久(年)
100	11.67	1.0	0.05	240.0	1.0	20.00

現金流1萬的方案						
已存的錢(萬)	距離結婚(年)	目標現金流(萬)	殖利率	需要的總資產(萬)	每個月存的錢(萬)	存多久(年)
100	11.67	1.0	0.05	240.0	1.0	20.00
100	5.83	1.0	0.05	240.0	2.0	10.00
100	8.33	1.0	0.06	200.0	1.0	16.67
100	4.17	1.0	0.06	200.0	2.0	8.33

現金流2萬的方案						
已存的錢(萬)	距離結婚(年)	目標現金流(萬)	殖利率	需要的總資產(萬)	每個月存的錢(萬)	存多久(年)
100	31.67	2.0	0.05	480.0	1.0	40.00
100	15.83	2.0	0.05	480.0	2.0	20.00
100	25.00	2.0	0.06	400.0	1.0	33.33
100	12.50	2.0	0.06	400.0	2.0	16.67

	自己				另一半		
利率	每個月存的錢		2.0	利率	每個月存的錢		1.2
0.05	每年存的錢		24.0	0.05	每年存的錢		14.4
	經過幾年	1	144.0		經過幾年	1	114.4
總資產		2	175.2	總資產		2	134.5
1.05		3	208.0	1.05		3	155.6
		4	242.4			4	177.8
現有資產		5	278.5	現有資產		5	201.1
120		6	316.4	100		6	225.6
		7	356.2			7	251.3
		8	398.0			8	278.2
		9	441.9			9	306.5
		10	488.0			10	336.3
		11	536.4			11	367.5
		12	587.3			12	400.2
		13	640.6			13	434.7
		14	696.6			14	470.8

微不平凡 / 150

	15	755.5
	16	817.3
	17	882.1
	18	950.2
	19	1021.7
	20	1096.8
	21	1175.7
	22	1258.4
	23	1345.4
	24	1436.6
	25	1532.5
	26	1633.1
	27	1738.7
	28	1849.7
	29	1966.2
	30	2088.5
	31	2216.9
	32	2351.7
	33	2493.3

	15	508.7
	16	548.6
	17	590.4
	18	634.3
	19	680.4
	20	728.8
	21	779.7
	22	833.1
	23	889.1
	24	948.0
	25	1009.8
	26	1074.7
	27	1142.8
	28	1214.3
	29	1289.5
	30	1368.3
	31	1451.1
	32	1538.1
	33	1629.4

	34	2642.0
	35	2798.1
	36	2962.0
	37	3134.1
	38	3314.8
	39	3504.5
	40	3703.8

	34	1725.3
	35	1825.9
	36	1931.6
	37	2042.6
	38	2159.2
	39	2281.5
	40	2410.0

每個月存的錢	1000	2000	3000	4000	5000	6000	7000	8000	9000	10000
每年存的錢	12000	24000	36000	48000	60000	72000	84000	96000	108000	120000
經過幾年										
1	1012000	1024000	1036000	1048000	1060000	1072000	1084000	1096000	1108000	1120000
2	1074600	1099200	1123800	1148400	1173000	1197600	1222200	1246800	1271400	1296000
3	1140330	1178160	1215990	1253820	1291650	1329480	1367310	1405140	1442970	1480800
4	1209347	1261068	1312790	1364511	1416233	1467954	1519676	1571397	1623119	1674840
5	1281814	1348121	1414429	1480737	1547044	1613352	1679659	1745967	1812274	1878582
6	1357905	1439527	1521150	1602773	1684396	1766019	1847642	1929265	2010888	2092511
7	1437800	1535504	1633208	1730912	1828616	1926320	2024024	2121728	2219433	2317137
8	1521690	1636279	1750868	1865458	1980047	2094636	2209226	2323815	2438404	2552993
9	1609774	1742093	1874412	2006731	2139049	2271368	2403687	2536006	2668324	2800643
10	1702263	1853198	2004132	2155067	2306002	2456936	2607871	2758806	2909741	3060675
11	1799376	1969858	2140339	2310820	2481302	2651783	2822265	2992746	3163228	3333709
12	1901345	2092350	2283356	2474361	2665367	2856372	3047378	3238384	3429389	3620395
13	2008412	2220968	2433524	2646080	2858635	3071191	3283747	3496303	3708858	3921414
14	2120833	2356016	2591200	2826383	3061567	3296751	3531934	3767118	4002301	4237485
15	2238874	2497817	2756760	3015703	3274645	3533588	3792531	4051474	4310416	4569359
16	2362818	2646708	2930598	3214488	3498378	3782268	4066157	4350047	4633937	4917827
17	2492959	2803043	3113128	3423212	3733297	4043381	4353465	4663550	4973634	5283719

利率	0.05
總資產	1.05
現有資產	1000000

微不平凡 / 154

18	2629607	2967196	3304784	3642373	3979961	4317550	4655139	4992727	5330316	5667904
19	2773087	3139555	3506023	3872491	4238959	4605428	4971896	5338364	5704832	6071300
20	2923742	3320533	3717325	4114116	4510907	4907699	5304490	5701282	6098073	6494865
21	3081929	3510560	3939191	4367822	4796453	5225084	5653715	6082346	6510977	6939608
22	3248025	3710088	4172150	4634213	5096275	5558338	6020401	6482463	6944526	7406588
23	3422426	3919592	4416758	4913924	5411089	5908255	6405421	6902586	7399752	7896918
24	3605548	4139572	4673596	5207620	5741644	6275668	6809692	7343716	7877740	8411764
25	3797825	4370550	4943276	5515001	6088726	6661451	7234176	7806901	8379627	8952352
26	3999716	4613078	5226439	5839801	6453162	7066524	7679885	8293247	8906608	9519969
27	4211702	4867732	5523761	6179791	6835820	7491850	8147879	8803909	9459938	10115968
28	4434287	5135118	5835949	6536780	7237611	7938442	8639273	9340104	10040935	10741766
29	4668002	5415874	6163747	6911619	7659492	8407364	9155237	9903109	10650982	11398855
30	4913402	5710668	6507934	7305200	8102466	8899733	9696999	10494265	11291531	12088797
31	5171072	6020201	6869331	7718460	8567590	9416719	10265849	11114978	11964108	12813237
32	5441625	6345211	7248797	8152383	9055969	9959555	10863141	11766727	12670313	13573899
33	5725707	6686472	7647237	8608002	9568768	10529533	11490298	12451063	13411829	14372594
34	6023992	7044796	8065599	9086403	10107206	11128010	12148813	13169617	14190420	15211224
35	6337192	7421035	8504879	9588723	10672566	11756410	12840254	13924097	15007941	16091785
36	6666051	7816087	8966123	10116159	11266195	12416231	13566266	14716302	15866338	17016374
37	7011354	8230891	9450429	10669967	11889504	13109042	14328580	15548117	16767655	17987193
38	7373921	8666436	9958951	11251465	12543980	13836494	15129009	16421523	17714038	19006552
39	7754618	9123758	10492898	11862038	13231179	14600319	15969459	17338600	18707740	20076880
40	8154348	9603946	11053543	12503140	13952738	15402335	16851932	18301529	19751127	21200724

年	11000	12000	13000	14000	15000	16000	17000	18000	19000	20000
1	132000	144000	156000	168000	180000	192000	204000	216000	228000	240000
2	1132000	1144000	1156000	1168000	1180000	1192000	1204000	1216000	1228000	1240000
3	1320600	1345200	1369800	1394400	1419400	1443600	1468200	1492800	1517400	1542000
4	1518630	1556460	1594290	1632120	1669950	1707780	1745610	1783440	1821270	1859100
5	1726562	1778283	1830005	1881726	1933448	1985169	2036891	2088612	2140334	2192055
6	1944890	2011197	2077505	2143812	2210120	2276427	2342735	2409043	2475350	2541658
7	2174134	2255757	2337380	2419003	2500626	2582249	2663872	2745495	2827118	2908741
8	2414841	2512545	2610249	2707953	2805657	2903361	3001065	3098769	3196474	3294178
9	2667583	2782172	2896761	3011351	3125940	3240529	3355119	3469708	3584297	3698887
10	2932962	3065281	3197599	3329918	3462237	3594556	3726875	3859193	3991512	4123831
11	3211610	3362545	3513479	3664414	3815349	3966284	4117218	4268153	4419088	4570022
12	3504191	3674672	3845153	4015635	4186116	4356598	4527079	4697561	4868042	5038524
13	3811400	4002406	4193411	4384417	4575422	4766428	4957433	5148439	5339444	5530450
14	4133970	4346526	4559082	4771637	4984193	5196749	5409305	5621861	5834416	6046972
15	4472669	4707852	4943036	5178219	5413403	5648586	5883770	6118954	6354137	6589321
16	4828302	5087245	5346188	5605130	5864073	6123016	6381959	6640901	6899844	7158787
17	5201717	5485607	5769497	6053387	6337277	6621167	6905057	7188946	7472836	7756726
18	5593803	5903887	6213972	6524056	6834141	7144225	7454309	7764394	8074478	8384563
19	6005493	6343082	6680670	7018259	7355848	7693436	8031025	8368613	8706202	9043791

20	6437768	6804236	7170704	7537172	7903640	8270108	8636576	9003044	9369512	9735980
21	6891656	7288448	7685239	8082030	8478822	8875613	9272405	9669196	10065988	10462779
22	7368239	7796870	8225501	8654132	9082763	9511394	9940025	10368656	10797287	11225918
23	7868651	8330713	8792776	9254839	9716901	10178964	10641026	11103089	11565151	12027214
24	8394083	8891249	9388415	9885581	10382746	10879912	11377078	11874243	12371409	12868575
25	8945788	9479812	10013836	10547860	11081884	11615908	12149932	12683956	13217979	13752003
26	9525077	10097802	10670527	11243253	11815978	12388703	12961428	13534153	14106878	14679604
27	10133331	10746692	11360054	11973415	12586777	13200138	13813500	14426861	15040222	15653584
28	10771992	11428027	12084056	12740086	13396115	14052145	14708174	15364204	16020234	16676263
29	11442597	12143428	12844259	13545090	14245921	14946752	15647583	16348414	17049245	17750076
30	12146727	12894600	13642472	14390345	15138217	15886090	16633962	17381835	18129707	18877580
31	12886063	13683330	14480596	15277862	16075128	16872394	17669660	18466927	19264193	20061459
32	13662367	14511496	15360626	16209755	17058885	17908014	18757144	19606273	20455402	21304532
33	14477485	15381071	16284657	17188243	18091829	18995415	19899001	20802587	21706173	22609759
34	15333359	16294124	17254890	18215655	19176420	20137185	21097951	22058716	23019481	23980246
35	16232027	17252831	18273634	19294438	20315241	21336045	22356848	23377652	24398455	25419259
36	17175629	18259472	19343316	20427160	21511003	22594847	23678691	24762534	25846378	26930222
37	18166410	19316446	20466482	21616518	22766553	23916589	25066625	26216661	27366697	28516733
38	19206730	20426268	21645806	22865343	24084881	25304419	26523956	27743494	28963032	30182569
39	20299067	21591582	22884096	24176611	25469125	26761640	28054154	29346669	30639183	31931698
40	21446020	22815161	24184301	25553441	26922581	28291722	29660862	31030002	32399143	33768283
41	22650321	24099919	25549516	26999113	28448711	29898308	31347905	32797502	34247100	35596697

利率
0.05

總資產
1.05

現有資產
1000000

每個月存的錢		10000	20000
每年存的錢		120000	240000
經過幾年	1	1120000	1240000
	2	1296000	1542000
	3	1480800	1859100
	4	1674840	2192055
	5	1878582	2541658
	6	2092511	2908741
	7	2317137	3294178
	8	2552993	3698887
	9	2800643	4123831
	10	3060675	4570022
	11	3333709	5038524
	12	3620395	5530450
	13	3921414	6046972
	14	4237485	6589321
	15	4569359	7158787
	16	4917827	7756726
	17	5283719	8384563
	18	5667904	9043791
	19	6071300	9735980

微不凡 / 158

20	6494865	10462779
21	6939608	11225918
22	7406588	12027214
23	7896918	12868575
24	8411764	13752003
25	8952352	14679604
26	9519969	15653584
27	10115968	16676263
28	10741766	17750076
29	11398855	18877580
30	12088797	20061459
31	12813237	21304532
32	13573899	22609759
33	14372594	23980246
34	15211224	25419259
35	16091785	26930222
36	17016374	28516733
37	17987193	30182569
38	19006552	31931698
39	20076880	33768283
40	21200724	35696697

做就對了！

不要相信任何人，包括自己。

原子筆

讀到這也差不多接近尾聲。

但大家捫心自問，自己是不是好像學到很多東西，但卻還是不知道怎麼開始，投資理財到底如何從0開始？

大家只要記得：

先理財，再投資！

先理財，再投資！

先理財，再投資！

因為很重要所以說三次，絕對不是為了騙稿費，理財是為了讓手邊有多餘的閒錢，投資是拿理財後的閒錢滾出更多的錢，所以不要一直想著如何投資，先好好理財，再來投資。

理財就是把後面我自製的表格填好並做到，並持之以恆20年以上。

投資舉最簡單的股票為例：

買自己電信的股票，有在搭的交通股票，薪資戶的股票，想買的東西之公司股票，也可以參考家人跟朋友的電信交通薪資戶，但請不要隨意聽信任何人推薦的股票，如果真的還是沒有頭緒可以參考我的選股，在下一頁揭曉。

開玩笑的啦！我不會推薦任何一支股票，就跟你們說過了不要相信任何人的推薦，不過如果自身周遭剛好都沒有上櫃上市的公司，找不到標的時，可以參考下一章的方法：

窮人致富法

人生除了錢財以外，還有很多重要的東西必須要去經營，全球知名公司「可口可樂」的總裁曾經說過一段話：「想像生命是一場不停丟擲五個球於空中的遊戲。這五個球分別為工作、家庭、健康、朋友和心靈，而且你很努力地擲著這五個球，只為了不讓它們落地。很快地你會發現工作是一個橡皮球，如果你不幸失手落下它，它還是會彈回來。但是家庭、健康、朋友和心靈這四個球是用玻璃做成的，一旦你失手落下，它們可能會缺角，留下無法挽回的記號、刻痕、損壞甚至碎落一地，它們將永遠不會跟以前一樣。你必須了解這個道理，並且努力的平衡你生命的重心。」

所以人的一生如果要盡善盡美，最重要的就是得管理好自己的時間，分配管理好每天的時間，是為了要讓五顆球都盡量能保存完善，而不是為了要成為「時間管理大師」。我自製了一個表格，讓大家每年年終都能自評，好好檢視自己每一年有沒有珍惜這五顆球！

以下是我的自評表格。

每年年底自評，根據自己的經營狀況打分數，由低到高1～10分，後面再詳細記錄下來，為什麼是這個分數。

年底自評1到10分	健康	8分	文字詳述	只有先天性心臟病無其他病痛
	家庭	7分		外縣市上班偶爾節慶才回家
	心靈	9分		很努力地在實踐夢想（出書）
	工作	8分		工作穩定經濟無太大壓力
	朋友	6分		忙於事業跟夢想疏於陪伴朋友

窮人致富法

　　子曰：「三人行，必有我師焉。擇其善者而從之，其不善者而改之。」

　　原子曰：「三人行，必有我師焉。擇其富者而從之，其不富者而改之。」

原子 筆

如果身邊有思維貧窮的朋友，不需要跟他們絕交或是排擠他們，其實他們也是你致富重要的一環，多跟他們交流，觀察他們喜歡到哪家公司消費？買哪家公司的產品？也可以找到一些平常我們沒有發現的好標的。

　　所以，遇到富朋友，就跟他學習如何致富。遇到窮朋友，就跟他交流如何消費，而不要跟他們起舞。

　　三人行，必有我師焉。擇其富者而從之，其不富者而改之。

　　但要記住，請抱持著感恩的心，這世界是零和遊戲，如果妳獲利勢必有人賠錢或是少賺。

時間

我是一位思想家、教育家，
昨天是、今天是、明天也會是。

有時候，
無解是最好的解答，
無語是最好的回答。

原子筆

我對時間的理解跟一般人不太一樣，我覺得時間是一種有限資源，去中心化，不為任何人所有，大家無時無刻都在失去時間，所以其實人生有一點倒著走的感覺，舉幾個例子如下：

1.年齡

問大家一個問題，一個20歲的小男孩跟一位60歲的老人，你覺得誰比較有經驗？誰比較會被尊敬？

大部分的人直覺都會覺得是60歲的老人，因為敬老尊賢是大家的刻板印象，那如果我用更詳細的陳述方式再問一次大家，看看大家會不會改觀。

一位20歲就開始每天打電動的青少年，如果持續每天追劇、玩遊戲、刷朋友圈……耍廢、浪費人生，那到了他60歲的時候，他會是怎麼樣的一個人？

答案顯而易見，那就是一個廢人！

這其實呼應了我之前章節裡的一句話：

世界上只有貧窮、疾病和衰老是不勞而獲的東西。

其中的衰老，就是指如果你不去認真思考人生，每天渾渾噩噩的過日子，那最後就會變成廢人。

而年齡對於我來說，我覺得是指你在此生已經消耗掉的壽命，如果你20歲表示你已經消耗掉了20年的壽命，如果你60歲表示你已經消耗掉60歲的壽命，所以60歲的老人跟20的年輕人的差

別在哪裡？

差別只在於老人比年輕人少40年可以活，僅此而已，除非老人有認真善用這40年，努力改變人生，不然這40年也只是白活。

2.生日快樂

生日快樂我覺得是一個很神奇荒謬的事情！

第一點：

生日即母難日，應該要好好感謝自己的父母把你生下來，把你拉拔長大，怎麼會是跟父母要生日禮物或是開派對？

第二點：

生日表示你此生的壽命又少了一年，應該要先默哀個10秒鐘，感嘆自己這輩子又少了一年可以活，然後好好檢視過去這一年甚至是這幾十年有沒有好好珍惜人生。

3.時鐘

目前的時鐘設計有一點問題，它的時間是越來越多，跟壽命一樣，會讓人蒙蔽了雙眼，所以我覺得時鐘應該要重新設計過，讓每一天應該是從24小時開始倒數，會比較貼近現實。

假設你今天9點起床，那你看了一下時鐘顯示9點，你有什麼感覺？

大家應該都覺得：沒感覺。

那如果你今天9點起床，看了一下我設計的時鐘，它顯示你今天還剩下15個小時，那你有什麼感覺？

可能會覺得自己每天起床都只剩15個小時，然後接著要去上12個小時的班，那每天不就只剩3個小時是自己的時間嗎？

希望我的設計能喚起大家內心最深處的聲音，就是：

「我想要擁有更多屬於自己的時間！」

以上幾點就是我對時間的認知概念，那至於怎麼實踐呢？

我設計了幾款商品如下：

原子鐘、原子記日器、桌遊，雖然目前我只有想法，但未來我會找廠商把我的想法做成APP或是實體物品，也歡迎鐘錶公司、APP公司、桌遊公司熱情邀約合作！

後面幾頁是講述我設計的「原子鐘」：

當未來人類文明發展到一定程度，就會開始重視自己的生命、珍惜自己的時間，到那個時候我的「原子鐘」才會慢慢普及，並被未來那個先進成熟的文明所接受，雖然可能是10年、20年甚至是100年後，那個時候我可能已經不在人世，但我的設計、書籍、精神會一直陪伴、教育大家。

一開始的想法是要把時間改成倒著走，於是從目前人類熟悉的時鐘稍作改變設計，我原本的設計是所有指針改成逆時針旋

轉，但發現做出來的原子鐘很難被接受，因為大家已經熟悉指針的轉向，逆著轉會讓人迷失時間的方向感，這讓我苦惱很久。

經過我思考好幾個月後，突發奇想，如果指針不能倒著走，那不如就把後面的標示改成倒著走，於是把原本的12改成0，讓大家知道時間是每天會被歸零，然後數字的順序改成逆時針描繪上去，這樣就能輕易做到在不改變指針的正逆轉向的同時，又可以變成時間倒著走的視覺效果。

於是乎，一個改變人類文明的時鐘「原子鐘」就誕生了！

「原子鐘」示意圖是展示現實生活中「22：10：30」當時的情況。

一般的時鐘讀作「22點10分30秒」。

原子鐘讀作「剩餘1個小時49分鐘30秒」。

				今日剩餘的時間		
一般的電子鐘				原子鐘		
22:11:27				01:48:33		
22	11	27		1	48	33
點	分	秒		個小時	分鐘	秒鐘

此表格跟原子鐘都是用Excel製作，有加入巨集讓時鐘跟現實生活中同步，但因為我的書沒有魔法，所以如果要看會動的原始檔時鐘，請到我的自架網站atomatomatom.com下載欣賞。

　　一般的時鐘讀作「22點10分30秒」。

　　原子鐘讀作「剩餘1個小時49分鐘30秒」。

　　此圖為Excel截圖（圓餅圖製作，角度稍微有誤差）。

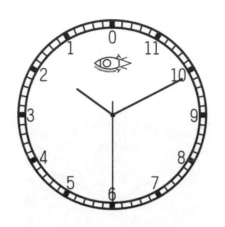

一般的時鐘讀作「22點10分30秒」。

原子鐘讀作「剩餘1個小時49分鐘30秒」。

此圖為Excel截圖(散狀圖製作，完美時鐘)

（以下兩頁是製作過程，有數學恐懼症的讀者可以先跳過）

一開始我是用比較簡單的圓餅圖製作，想法是把圓分成三個區塊，讓第一個區塊占49%，第二個區塊占2%，第三個區塊占49%，其中占2%的就是細細的指針。

接著填入TODAY()、NOW()之類的語法，讓這些區塊隨著時間變成以下概念：

(49%、2%、49%)(50%、2%、48%)(51%、2%、47%)……

(98%、2%、0%)(0%、2%、98%)(1%、2%、97%)……

最後變回：(49%、2%、49%)

然後把占49%的第一個區塊跟第三個區塊改成透明，第二區塊2%改成黑色，就能呈現出指針隨著時間旋轉的視覺效果，這個方法套用三次就能做出時針、分針、秒針。

但其中時針還要特別另外加入IF()語法，因為秒針是60秒鐘轉一圈，分針是60分鐘轉一圈，只有時針它是12個小時轉一圈，而不是24個小時轉一圈。

有興趣的讀者可以自己繪製看看，以下分別是時針、分針、秒針的函數。

時針
=IF(HOUR(NOW())>12,HOUR(NOW())-12+MINUTE(NOW())/60, HOUR(NOW())+MINUTE(NOW())/60)
0.1(此為時針，數值大小可以決定指針的粗細)
=IF(12-HOUR(NOW())<0,24-HOUR(NOW())- MINUTE(NOW())/60,12-HOUR(NOW())-MINUTE(NOW())/60)

分針
=MINUTE(NOW())
0.3(此為分針，數值大小可以決定指針的粗細)
=60-MINUTE(NOW())

秒針
=SECOND(NOW())
0.3(此為秒針，數值大小可以決定指針的粗細)
=60-SECOND(NOW())

　　圓餅圖製作起來簡單但有缺點，就是指針可能會有一點點的角度偏差，因為其中的指針並不是針，而是一個小扇形，於是後來研究了好幾天，才發明了新的做法就是用散狀圖製作。

　　散狀圖的製作核心概念是用座標來標示，接著把點連成線當成指針，這樣指針就能精準得指到正確位置上。

　　一開始要把座標中的x、y軸改到正中央，讓(0,0)當成時鐘的圓心，接著用函數SIN()、COS()的語法來標出指針端點的位置，數值的概念是一天有86400秒，然後看現在過了幾秒，讓指針每秒會走的角度去乘以過了幾秒，但要特別注意的兩個地方如下：

　　1.此圖用直角座標作圖，起始角度在90度。

　　2.三角函數轉向與時鐘相反，角度變化量要用減的。

　　題外話，因為是用三角函數去繪製座標，所以時針不用另外寫IF()語法，這就是三角函數強大的地方。

　　有興趣的讀者可以自己繪製看看，以下分別是時針、分針、秒針的函數。

COS()、SIN()前面的1、1.8、2為指針的長度。

時針	
=1*COS(90*PI()/180-6*PI()/180*(HOUR(NOW())*60*60 +MINUTE(NOW())*60+SECOND(NOW()))/60/12)	0
=1*SIN(90*PI()/180-6*PI()/180*(HOUR(NOW())*60*60+ MINUTE(NOW())*60+SECOND(NOW()))/60/12)	0

分針	
=1.8*COS(90*PI()/180-6*PI()/180*(HOUR(NOW())*60*6 0+MINUTE(NOW())*60+SECOND(NOW()))/60)	0
=1.8*SIN(90*PI()/180-6*PI()/180*(HOUR(NOW())*60*60 +MINUTE(NOW())*60+SECOND(NOW()))/60)	0

秒針	
=2*COS(90*PI()/180-6*PI()/180*(HOUR(NOW())*60*60 +MINUTE(NOW())*60+SECOND(NOW())))	0
=2*SIN(90*PI()/180-6*PI()/180*(HOUR(NOW())*60*60+ MINUTE(NOW())*60+SECOND(NOW())))	0

如果想要秒針有凸出去的效果可以再加入下表：

=0.3*COS(90*PI()/180-6*PI()/180*(HOUR(NOW())*60*60+MINUTE(NOW())*60+SECOND(NOW()))+PI())	0
=0.3*SIN(90*PI()/180-6*PI()/180*(HOUR(NOW())*60*60+MINUTE(NOW())*60+SECOND(NOW()))+PI())	0

後面幾頁是講述我設計的「原子記日器」：

想法跟原子鐘一樣，當未來人類文明發展到一定程度，就會開始重視自己的生命、珍惜自己的時間，到那個時候我的「原子記日器」才會慢慢普及，並被未來那個先進成熟的文明所接受。

大家先填入基本資料：出生年月日、幾歲開始工作、一週工作幾個小時、一個月能存多少錢（萬）、目前存款（萬）、平均每日睡眠時數、想貸款購入物件的價格（萬）。

然後「原子記日器」就會運算出很多大家不敢面對的現實。

此「原子記日器」的功能是讓大家認清，你目前的人生扣掉工作和睡眠後，真正還有多少時間是自己所擁有的。

還有現代人很喜歡貸款買房子或是車子，所以當你要貸款買入東西時，請先用這個「原子記日器」運算後，就會發現在你買入後，會消耗掉多少自己的人生。

此原子記日器也是用Excel製作，有加入巨集讓時鐘跟現實生活中同步，但因為我的書沒有魔法，所以如果要看會動的原始檔

記日器,請到我的自架網站atomatomatom.com下載欣賞。

修改灰色表格的數字,來查看結果	
出生年月日	今天的日期
1994/4/1	2021/1/26
幾歲開始工作	退休日期
22	2059/4/1
一週工作幾小時	平均死亡日期
42	2074/4/1
一個月能存多少錢(萬)	從現在到退休還能存到的錢(萬)
2	900
目前存款(萬)	平均壽命(日)
100	29200
平均每日睡眠時數	這輩子花在工作上的時間(日)
8	3924

這輩子花在工作上的時間,是用以下算法:

(65-幾歲開始工作)*365*(一週工作幾小時)/7/24。

所以想法是總工作時數除以24小時變成多少天。

修改灰色表格的數字，來查看結果	
想貸款購入物件的價格(萬)	購入後剩下餘額(萬)
1200	-200

原子記日器(日＋小時：分鐘：秒)	
8684	06:34:48
5810	退休前剩餘的時間
3650	退休後剩餘的時間
777	額外得上班的時間

每日倒數時間	現在時間
06:34:48	17:25:12
	下午05時25分12秒

原子記日器的想法是：

（退休前剩餘的時間）＋（退休後剩餘的時間）－（額外得上班的時間）再加入「原子鐘的時間」。

退休前剩餘的時間：

（退休的日期－今天的日期）＊（1－一週工作幾小時/7/24－平均每日睡眠時數/24）

退休後剩餘的時間：

（80-65）＊（24－平均每日睡眠時數）＊365/24

額外得上班的時間：

IF（購入後剩下餘額（萬）＞0,0,購入後剩下餘額（萬））/一個月能存多少錢（萬）＊31＊（一週工作幾小時/7/24）

如果你覺得倒數多少日或是倒數多少時間很不吉利，那很抱歉，我得跟你說一件很現實的事情，就是這個世界並不會因為你不看時間，時間就會停止，時間是去中心化，不為任何人所有，不斷的在變少跟流逝。

所以醒醒吧！好好面對無時無刻都在逝去的時間，過去浪費多少生命已成定局，唯有從現在開始好好珍惜時間、珍惜生命才是真理。

不管以前發生什麼事情，造成現在無解的局面，已經不重要了，最終一切都會過去的，時間不會說話但教會了人們很多事情，有時候，無解是最好的解答，無語是最好的回答。

最後勉勵大家，如果你有夢想就去追，努力實現自我，持之以恆，總有一天全世界會看到你的才華，就如我這本《微不平凡》，可能1年、10年、100年後人們才會開始重視時間與生命，我的書到那個時候才有可能廣為流傳，所以在成名之前，請一定要堅持下去，讓夢想飛一會兒吧！

　　為了夢想你願意犧牲什麼？

　　我，原子（Atom）願意犧牲我的生命、我的全部！

　　你呢？

永生

醫生宣判的只是肉體的死亡，
當你的名字不再被人們提起，
當你的精神不再被人們傳承，
當你的事蹟不再被人們歌頌，
當你的全部已經被人們遺忘，
你才真正的死亡。

原子筆

恭喜大家能讀到那麼後面的章節，我下一本書會教大家如何實戰投資，最後我想跟大家探討永生、長生不老的概念。

　　因為我本身患有先天性心臟病，隨時都有可能心臟病發，跟小鬼（黃鴻升）一樣突然說走就走，所以我才看透人生，並且領悟到什麼是永生。

　　相信大家如果都很努力，把我的書看完、看懂、並去實踐，基本上都能賺到錢、過上自己想要的生活，但是有一件事情似乎是人類從古至今都在克服但都無法解決的問題：死亡。

　　上至皇帝、國王，下至平民老百姓、奴隸，都渴望著永生，貌似這世界上不曾有人獲得永生，但我覺得其實很多古人都已經獲得永生，只是大家沒有發現而已，孔子、老子、耶穌、林肯……，不管他們是古人或是宗教傳說人物，只要提到他們，就會聯想到他們的思想、著作、名言、事蹟。

　　假設有什麼疑惑想請教孔子，就去讀論語；假設有什麼困難想求助耶穌，就去讀聖經。

　　他們就好像還活著一樣會回答大家的問題，因為他們已經把自己的精神、思想、靈魂、生命，注入一句話或是一本書裡面了，他們沒有死亡，永生於隻字片語、口耳相傳、書籍中。

　　而這本《微不平凡》亦是如此，我希望我往生後還能繼續教育、幫助大家，所以很用心的把我所學用文字記錄下來，把生命注入其中，大家有什麼疑惑、困難不妨多閱讀幾次此書，我願做

微不平凡

一盞明燈，照亮您的心！

　　此書的閱讀內容到此告一段落，接下來就是理財的實戰練習，請各位把書翻到最後一頁，開始跟上我的腳步，過得微不平凡吧！

			2040年要完成的目標

2040年要完成的目標

_____

2040/05/31 □已完成 □未完成如何改進

_____

2040/12/31 □已完成 □未完成我對不起作者Atom

_____年前要完成的目標_____
□有完成 □未完成如何改進

_____

年底自評1到10分	健康	_____分	文字詳述	
	家庭	_____分		
	心靈	_____分		
	工作	_____分		
	朋友	_____分		

微不平凡 / 184

西元 2040 年					
活資產（每個月）	薪水	_____元	活負債（每個月）	伙食費	_____元
		_____元			_____元
		_____元			_____元
		_____元			_____元
		_____元			_____元
死資產（一次性）	加班費	_____元	死負債（一次性）	網購團購	_____元
		_____元			_____元
		_____元			_____元
		_____元			_____元
		_____元			_____元
總收入_____元			總支出_____元		
總收入－總支出=月現金流：			－		=

2039年要完成的目標
2039/05/31 □已完成 □未完成如何改進
2039/12/31 □已完成 □未完成我對不起作者Atom

_____年前要完成的目標_____
□有完成 □未完成如何改進

_____

年底自評1到10分	健康	_____分	文字詳述	
	家庭	_____分		
	心靈	_____分		
	工作	_____分		
	朋友	_____分		

微不平凡 / 186

西元 2039 年

活資產（每個月）	薪水	＿＿＿＿＿元	活負債（每個月）	伙食費	＿＿＿＿＿元
		＿＿＿＿＿元			＿＿＿＿＿元
		＿＿＿＿＿元			＿＿＿＿＿元
		＿＿＿＿＿元			＿＿＿＿＿元
		＿＿＿＿＿元			＿＿＿＿＿元
死資產（一次性）	加班費	＿＿＿＿＿元	死負債（一次性）	網購團購	＿＿＿＿＿元
		＿＿＿＿＿元			＿＿＿＿＿元
		＿＿＿＿＿元			＿＿＿＿＿元
		＿＿＿＿＿元			＿＿＿＿＿元
		＿＿＿＿＿元			＿＿＿＿＿元

總收入＿＿＿＿＿元　　　　總支出＿＿＿＿＿元

總收入–總支出=月現金流：　　　　－　　　　=

2038年要完成的目標

_____

2038/05/31 □已完成 □未完成如何改進

_____

2038/12/31 □已完成 □未完成我對不起作者Atom

_____年前要完成的目標_____
□有完成 □未完成如何改進

_____

年底自評1到10分	健康	____分	文字詳述	
	家庭	____分		
	心靈	____分		
	工作	____分		
	朋友	____分		

微不平凡 / 188

西元 2038 年					
活資產（每個月）	薪水	_____元	活負債（每個月）	伙食費	_____元
		_____元			_____元
		_____元			_____元
		_____元			_____元
		_____元			_____元
死資產（一次性）	加班費	_____元	死負債（一次性）	網購團購	_____元
		_____元			_____元
		_____元			_____元
		_____元			_____元
		_____元			_____元

總收入_____元　　　　總支出_____元

總收入–總支出=月現金流：　　　－　　　＝

2037年要完成的目標

_____

2037/05/31 □已完成 □未完成如何改進

_____

2037/12/31 □已完成 □未完成我對不起作者Atom

_____年前要完成的目標_____
□有完成 □未完成如何改進

_____

年底自評1到10分	健康	＿＿＿分	文字詳述	
	家庭	＿＿＿分		
	心靈	＿＿＿分		
	工作	＿＿＿分		
	朋友	＿＿＿分		

西元 2037 年					
活資產（每個月）	薪水	_____元	活負債（每個月）	伙食費	_____元
		_____元			_____元
		_____元			_____元
		_____元			_____元
		_____元			_____元
死資產（一次性）	加班費	_____元	死負債（一次性）	網購團購	_____元
		_____元			_____元
		_____元			_____元
		_____元			_____元
		_____元			_____元

總收入_____元　　　總支出_____元

總收入−總支出=月現金流：　　　　−　　　　=

2036年要完成的目標

_____

2036/05/31 □已完成 □未完成如何改進

_____

2036/12/31 □已完成 □未完成我對不起作者Atom

_____年前要完成的目標_____
□有完成 □未完成如何改進

_____

年底自評1到10分	健康	_____分	文字詳述	
	家庭	_____分		
	心靈	_____分		
	工作	_____分		
	朋友	_____分		

微不凡 / 192

西元 2036 年

活資產（每個月）	薪水	_____元	活負債（每個月）	伙食費	_____元
		_____元			_____元
		_____元			_____元
		_____元			_____元
		_____元			_____元
死資產（一次性）	加班費	_____元	死負債（一次性）	網購團購	_____元
		_____元			_____元
		_____元			_____元
		_____元			_____元
		_____元			_____元

總收入_____元　　　　總支出_____元

總收入–總支出=月現金流：　　　－　　　　＝

2035年要完成的目標
2035/05/31 □已完成 □未完成如何改進
2035/12/31 □已完成 □未完成我對不起作者Atom
_____年前要完成的目標_____ □有完成 □未完成如何改進

年底自評1到10分	健康	_____分	文字詳述	
	家庭	_____分		
	心靈	_____分		
	工作	_____分		
	朋友	_____分		

西元 2035 年					
活資產（每個月）	薪水	＿＿＿＿＿元	活負債（每個月）	伙食費	＿＿＿＿＿元
		＿＿＿＿＿元			＿＿＿＿＿元
		＿＿＿＿＿元			＿＿＿＿＿元
		＿＿＿＿＿元			＿＿＿＿＿元
		＿＿＿＿＿元			＿＿＿＿＿元
死資產（一次性）	加班費	＿＿＿＿＿元	死負債（一次性）	網購團購	＿＿＿＿＿元
		＿＿＿＿＿元			＿＿＿＿＿元
		＿＿＿＿＿元			＿＿＿＿＿元
		＿＿＿＿＿元			＿＿＿＿＿元
總收入＿＿＿＿＿元			總支出＿＿＿＿＿元		
總收入–總支出=月現金流： ＿ =					

2034年要完成的目標
_____
2034/05/31 □已完成 □未完成如何改進
_____
2034/12/31 □已完成 □未完成我對不起作者Atom
_____年前要完成的目標_____   □有完成 □未完成如何改進   _____

年底自評1到10分	健康	____分	文字詳述	
	家庭	____分		
	心靈	____分		
	工作	____分		
	朋友	____分		

微不凡 / 196

西元 2034 年

活資產（每個月）	薪水	_____元	活負債（每個月）	伙食費	_____元
		_____元			_____元
		_____元			_____元
		_____元			_____元
		_____元			_____元
死資產（一次性）	加班費	_____元	死負債（一次性）	網購團購	_____元
		_____元			_____元
		_____元			_____元
		_____元			_____元
		_____元			_____元
總收入_____元			總支出_____元		
總收入–總支出=月現金流：　　　　－　　　　＝					

2033年要完成的目標			
2033/05/31 □已完成 □未完成如何改進			
2033/12/31 □已完成 □未完成我對不起作者Atom			
_____年前要完成的目標_____ □有完成 □未完成如何改進			
年底自評1到10分	健康	_____分	文字詳述
	家庭	_____分	
	心靈	_____分	
	工作	_____分	
	朋友	_____分	

微不平凡 / 198

西元 2033 年					
活資產（每個月）	薪水	_____元	活負債（每個月）	伙食費	_____元
		_____元			_____元
		_____元			_____元
		_____元			_____元
		_____元			_____元
死資產（一次性）	加班費	_____元	死負債（一次性）	網購團購	_____元
		_____元			_____元
		_____元			_____元
		_____元			_____元
		_____元			_____元
總收入_____元			總支出_____元		
總收入–總支出=月現金流： _____ – _____ =					

2032年要完成的目標
2032/05/31 □已完成 □未完成如何改進
2032/12/31 □已完成 □未完成我對不起作者Atom

_____年前要完成的目標_____
□有完成 □未完成如何改進

_____

年底自評1到10分	健康	＿＿＿分	文字詳述	
	家庭	＿＿＿分		
	心靈	＿＿＿分		
	工作	＿＿＿分		
	朋友	＿＿＿分		

微不平凡 / 200

西元 2032 年

活資產（每個月）	薪水	_____元	活負債（每個月）	伙食費	_____元
		_____元			_____元
		_____元			_____元
		_____元			_____元
		_____元			_____元
死資產（一次性）	加班費	_____元	死負債（一次性）	網購團購	_____元
		_____元			_____元
		_____元			_____元
		_____元			_____元
		_____元			_____元

總收入_____元　　　總支出_____元

總收入-總支出=月現金流：　　　　　　－　　　　　＝

2031年要完成的目標		

_____

2031/05/31 □已完成 □未完成如何改進

_____

2031/12/31 □已完成 □未完成我對不起作者Atom

_____年前要完成的目標_____
□有完成 □未完成如何改進

_____

年底自評1到10分	健康	____分	文字詳述	
	家庭	____分		
	心靈	____分		
	工作	____分		
	朋友	____分		

西元 2031 年					
活資產（每個月）	薪水	_____元	活負債（每個月）	伙食費	_____元
		_____元			_____元
		_____元			_____元
		_____元			_____元
		_____元			_____元
死資產（一次性）	加班費	_____元	死負債（一次性）	網購團購	_____元
		_____元			_____元
		_____元			_____元
		_____元			_____元
		_____元			_____元
總收入_____元			總支出_____元		

總收入–總支出=月現金流： _____ – _____ =

2030年要完成的目標
_____

2030/05/31 □已完成 □未完成如何改進

_____

2030/12/31 □已完成 □未完成我對不起作者Atom

_____年前要完成的目標_____
□有完成 □未完成如何改進

_____

年底自評1到10分	健康	_____分	文字詳述
	家庭	_____分	
	心靈	_____分	
	工作	_____分	
	朋友	_____分	

西元 2030 年					
活資產（每個月）	薪水	_____元	活負債（每個月）	伙食費	_____元
		_____元			_____元
		_____元			_____元
		_____元			_____元
		_____元			_____元
死資產（一次性）	加班費	_____元	死負債（一次性）	網購團購	_____元
		_____元			_____元
		_____元			_____元
		_____元			_____元
		_____元			_____元

總收入_____元　　　　總支出_____元

總收入-總支出=月現金流：　　　－　　　＝

2029年要完成的目標

_____

2029/05/31 □已完成 □未完成如何改進

_____

2029/12/31 □已完成 □未完成我對不起作者Atom

_____年前要完成的目標_____
□有完成 □未完成如何改進

_____

年底自評1到10分	健康	＿＿＿分	文字詳述	
	家庭	＿＿＿分		
	心靈	＿＿＿分		
	工作	＿＿＿分		
	朋友	＿＿＿分		

微不凡

西元 2029 年					
活資產（每個月）	薪水	_____元	活負債（每個月）	伙食費	_____元
		_____元			_____元
		_____元			_____元
		_____元			_____元
		_____元			_____元
死資產（一次性）	加班費	_____元	死負債（一次性）	網購團購	_____元
		_____元			_____元
		_____元			_____元
		_____元			_____元
		_____元			_____元
總收入_____元			總支出_____元		

總收入–總支出=月現金流：　　　　 － 　　　　 =

2028年要完成的目標				
2028/05/31 □已完成 □未完成如何改進				
2028/12/31 □已完成 □未完成我對不起作者Atom				
_____年前要完成的目標_____ □有完成 □未完成如何改進				

年底自評1到10分	健康	＿＿＿分	文字詳述	
	家庭	＿＿＿分		
	心靈	＿＿＿分		
	工作	＿＿＿分		
	朋友	＿＿＿分		

微不凡

西元 2028 年

活資產（每個月）	薪水	_____元	活負債（每個月）	伙食費	_____元
		_____元			_____元
		_____元			_____元
		_____元			_____元
		_____元			_____元
死資產（一次性）	加班費	_____元	死負債（一次性）	網購團購	_____元
		_____元			_____元
		_____元			_____元
		_____元			_____元
		_____元			_____元

總收入_____元　　　　總支出_____元

總收入–總支出=月現金流：　　　 － 　　　 ＝

2027年要完成的目標
2027/05/31 □已完成 □未完成如何改進
2027/12/31 □已完成 □未完成我對不起作者Atom
_____年前要完成的目標_____ □有完成 □未完成如何改進

年底自評1到10分	健康	____分	文字詳述	
	家庭	____分		
	心靈	____分		
	工作	____分		
	朋友	____分		

微不平凡 / 210

西元 2027 年					
活資產（每個月）	薪水	_____元	活負債（每個月）	伙食費	_____元
		_____元			_____元
		_____元			_____元
		_____元			_____元
		_____元			_____元
死資產（一次性）	加班費	_____元	死負債（一次性）	網購團購	_____元
		_____元			_____元
		_____元			_____元
		_____元			_____元
		_____元			_____元
總收入_____元			總支出_____元		
總收入−總支出=月現金流：　　　　　−　　　　　=					

2026年要完成的目標
2026/05/31 □已完成 □未完成如何改進
2026/12/31 □已完成 □未完成我對不起作者Atom

_____年前要完成的目標_____
□有完成 □未完成如何改進

_____

年底自評1到10分	健康	_____分	文字詳述	
	家庭	_____分		
	心靈	_____分		
	工作	_____分		
	朋友	_____分		

微不平凡

西元 2026 年

活資產（每個月）	薪水	_____元	活負債（每個月）	伙食費	_____元
		_____元			_____元
		_____元			_____元
		_____元			_____元
		_____元			_____元
死資產（一次性）	加班費	_____元	死負債（一次性）	網購團購	_____元
		_____元			_____元
		_____元			_____元
		_____元			_____元
		_____元			_____元

總收入_____元　　　　總支出_____元

總收入–總支出=月現金流：　　　　－　　　　=

2025年要完成的目標			
2025/05/31 □已完成 □未完成如何改進			
2025/12/31 □已完成 □未完成我對不起作者Atom			
_____年前要完成的目標_____ □有完成 □未完成如何改進			

年底自評1到10分	健康	＿＿＿分	文字詳述	
	家庭	＿＿＿分		
	心靈	＿＿＿分		
	工作	＿＿＿分		
	朋友	＿＿＿分		

		西元 2025 年			
活資產（每個月）	薪水	_____元	活負債（每個月）	伙食費	_____元
		_____元			_____元
		_____元			_____元
		_____元			_____元
		_____元			_____元
死資產（一次性）	加班費	_____元	死負債（一次性）	網購團購	_____元
		_____元			_____元
		_____元			_____元
		_____元			_____元
		_____元			_____元
總收入_____元			總支出_____元		
總收入−總支出=月現金流： _____ − _____ =					

2024年要完成的目標			
2024/05/31 □已完成 □未完成如何改進			
2024/12/31 □已完成 □未完成我對不起作者Atom			
_____年前要完成的目標_____ □有完成 □未完成如何改進			

年底自評1到10分	健康	_____分	文字詳述	
	家庭	_____分		
	心靈	_____分		
	工作	_____分		
	朋友	_____分		

微不平凡 / 216

西元 2024 年

活資產（每個月）			活負債（每個月）		
	薪水	_____元		伙食費	_____元
		_____元			_____元
		_____元			_____元
		_____元			_____元
		_____元			_____元
死資產（一次性）	加班費	_____元	死負債（一次性）	網購團購	_____元
		_____元			_____元
		_____元			_____元
		_____元			_____元
		_____元			_____元

總收入_____元 　　總支出_____元

總收入－總支出＝月現金流： 　　 － 　　 ＝

2023年要完成的目標

_____

2023/05/31 □已完成 □未完成如何改進

_____

2023/12/31 □已完成 □未完成我對不起作者Atom

_____年前要完成的目標_____
□有完成 □未完成如何改進

_____

年底自評1到10分	健康	_____分	文字詳述	
	家庭	_____分		
	心靈	_____分		
	工作	_____分		
	朋友	_____分		

微不平凡 / 218

西元 2023 年

活資產（每個月）	薪水	_____元	活負債（每個月）	伙食費	_____元
		_____元			_____元
		_____元			_____元
		_____元			_____元
		_____元			_____元
死資產（一次性）	加班費	_____元	死負債（一次性）	網購團購	_____元
		_____元			_____元
		_____元			_____元
		_____元			_____元
		_____元			_____元

總收入_____元   總支出_____元

總收入−總支出=月現金流：　　　 −　　　 =

2022年要完成的目標

_____

2022/05/31 □已完成 □未完成如何改進

_____

2022/12/31 □已完成 □未完成我對不起作者Atom

_____年前要完成的目標_____
□有完成 □未完成如何改進

_____

年底自評1到10分	健康	____分	文字詳述	
	家庭	____分		
	心靈	____分		
	工作	____分		
	朋友	____分		

西元 2022 年					
活資產（每個月）	薪水	_____元	活負債（每個月）	伙食費	_____元
		_____元			_____元
		_____元			_____元
		_____元			_____元
		_____元			_____元
死資產（一次性）	加班費	_____元	死負債（一次性）	網購團購	_____元
		_____元			_____元
		_____元			_____元
		_____元			_____元
		_____元			_____元
總收入_____元			總支出_____元		

總收入–總支出=月現金流：　　　　－　　　　＝

2021年要完成的目標

_____

2021/05/31 □已完成 □未完成如何改進

_____

2021/12/31 □已完成 □未完成我對不起作者Atom

_____年前要完成的目標_____
□有完成 □未完成如何改進

_____

年底自評1到10分	健康	____分	文字詳述	
	家庭	____分		
	心靈	____分		
	工作	____分		
	朋友	____分		

微不平凡

西元 2021 年					
活資產（每個月）	薪水	＿＿＿＿＿元	活負債（每個月）	伙食費	＿＿＿＿＿元
		＿＿＿＿＿元			＿＿＿＿＿元
		＿＿＿＿＿元			＿＿＿＿＿元
		＿＿＿＿＿元			＿＿＿＿＿元
		＿＿＿＿＿元			＿＿＿＿＿元
死資產（一次性）	加班費	＿＿＿＿＿元	死負債（一次性）	網購團購	＿＿＿＿＿元
		＿＿＿＿＿元			＿＿＿＿＿元
		＿＿＿＿＿元			＿＿＿＿＿元
		＿＿＿＿＿元			＿＿＿＿＿元
		＿＿＿＿＿元			＿＿＿＿＿元
總收入＿＿＿＿＿＿元			總支出＿＿＿＿＿＿元		

總收入-總支出=月現金流：　　　－　　　＝

人生座右銘

___

這輩子要完成的目標

___

需要哪些條件跟階段

☐1.___

☐2.___

☐3.___

☐4.___

☐5.___

☐6.___

微不平凡 / 224

2020年要完成的目標

珍惜另一半、持續運動、學習投資理財

2020/05/31 □已完成 ☑未完成如何改進

要減少加班天數去運動

2021/12/31 ☑已完成 □未完成我對不起作者Atom

2021年前要完成的目標**要完成這本書**

☑有完成 □未完成如何改進

年底自評1到10分	健康	8分	文字詳述	只有先天性心臟病無其他病痛
	家庭	7分		外縣市上班偶爾節慶才回家
	心靈	9分		很努力地在實踐夢想（出書）
	工作	8分		工作穩定經濟無太大壓力
	朋友	6分		忙於事業跟夢想疏於陪伴朋友

動筆吧各位！

序
......

在開始閱讀前先動筆在底線上填入基本資料吧！

至少每半年都要更新一次（以下是我的範例）。

人生座右銘
在對的時間做對的事

這輩子要完成的目標
寫一本全世界最有名的書

需要哪些條件跟階段？

☑ 1.把書完稿

☑ 2.找出版社出書

□ 3.演講

國家圖書館出版品預行編目資料

微不平凡／原子著. --初版.--臺中市：白象文化
事業有限公司，2021.3
　　面；　公分
ISBN 978-986-5559-62-5（平裝）
1.人生觀
191.92　　　　　　　　　　　109021019

微不平凡

作　　者　原子
校　　對　原子、雯子
專案主編　陳逸儒
出版編印　吳適意、林榮威、林孟侃、陳逸儒、黃麗穎
設計創意　張禮南、何佳誼
經銷推廣　李莉吟、莊博亞、劉育姍、王堉瑞
經紀企劃　張輝潭、洪怡欣、徐錦淳、黃姿虹
營運管理　林金郎、曾千熏
發 行 人　張輝潭
出版發行　白象文化事業有限公司
　　　　　412台中市大里區科技路1號8樓之2（台中軟體園區）
　　　　　出版專線：（04）2496-5995　傳真：（04）2496-9901
　　　　　401台中市東區和平街228巷44號（經銷部）
　　　　　購書專線：（04）2220-8589　傳真：（04）2220-8505
印　　刷　基盛印刷工場
初版一刷　2021年3月
定　　價　300元

缺頁或破損請寄回更換
版權歸作者所有，內容權責由作者自負

白象文化　印書小舖　PressStore出版新紀　出版 · 經銷 · 宣傳 · 設計
www.ElephantWhite.com.tw　自費出版的領導者　購書 白象文化生活館